MISSION BODY POSTURE

VON MIGHTY MIND WARRIOR

© 2024 Alain Biankeu

Verlag: BoD • Books on Demand GmbH, In de Tarpen 42, 22848 Norderstedt
Druck: Libri Plureos GmbH, Friedensallee 273, 22763 Hamburg

Bei Fragen und Anregungen:

www.mightymindwarrior.ch

1. Auflage 2024

ISBN 978-3-7583-7277-3

Weitere Informationen finden sie unter
www.mightymindwarrior.ch

www.instagram.com/mightymindwarrior

INHALTSVERZEICHNIS

1.
EINLEITUNG

Trainingsplan für bessere Körperhaltung im Sicherheitsdienst: Tägliche 15-Minuten-Workouts mit Eigengewicht.

Dieser Trainingsplan ist speziell für Männer im Sicherheitsdienst konzipiert, die ihre Körperhaltung verbessern und ihre allgemeine Fitness steigern möchten. Jedes Training dauert nur 15 Minuten und konzentriert sich auf Übungen mit dem Eigengewicht, um die Muskulatur zu kräftigen und die Haltung zu optimieren. Führen Sie das Training an 6 Tagen die Woche durch und gönnen Sie sich einen Ruhetag pro Woche zur Erholung.

Haltung bewusst verbessern: Achten Sie bewusst auf Ihre Körperhaltung während des Tages, um langfristige Erfolge zu sichern.

Mit diesem 15-minütigen täglichen Trainingsplan stärken Sie Ihre Muskulatur, verbessern Ihre Körperhaltung und fördern Ihre allgemeine Fitness. Diese Übungen sind besonders für Männer im Sicherheitsdienst vorteilhaft, da sie die spezifischen Anforderungen dieser anspruchsvollen Tätigkeit berücksichtigen.

VIEL ERFOLG BEI IHREM TRAINING!

2.
WARM-UP, COOL-DOWN

AUFWÄRMEN

KEINE AUSREDE; AUFWÄRMEN IST PFLICHT

Um dein volles Potenzial auszuschöpfen und Verletzungen vorzubeugen, ist ein dynamisches Aufwärmprogramm von 2-5 Minuten vor jedem Workout unerlässlich. Hier sind die wichtigsten Gründe, warum du das Aufwärmen niemals auslassen solltest:

1. **Vorbereitung des Körpers**: Ein gutes Aufwärmen bereitet deinen gesamten Körper auf die bevorstehende Aktivität vor und stellt sicher, dass du optimale Leistung erbringst.

2. **Vorbereitung der Muskulatur**: Deine Muskeln bekommen die nötige Durchblutung und Flexibilität, um effektiv zu arbeiten und Verletzungen zu vermeiden.

3. **Verletzungen vermeiden**: Ein gründliches Aufwärmen minimiert das Risiko von Verletzungen wie Zerrungen und Gelenksüberlastungen.

4. **Optimierung der Leistung und Regeneration**: Dein Körper wird leistungsfähiger und regeneriert schneller, was die Effektivität deines Trainings erhöht.

5. **Erhöhung der Herzfrequenz**: Ein Anstieg der Herzfrequenz bereitet dein Herz-Kreislauf-System sanft auf die Intensität des Trainings vor.

6. **Förderung der Flexibilität**: Das Aufwärmen verbessert die Flexibilität, sodass du die Übungen besser und sicherer ausführen kannst.

Kurz gesagt: Ein effektives Aufwärmen bereitet nicht nur deinen Körper und deine Muskulatur auf das Training vor, sondern steigert auch die Effizienz deines Workouts und unterstützt deine langfristige Fitnessziele.

Bei plyometrische Übungen ist es besonders wichtig.

D ie Möglichkeiten zum Aufwärmen sind schier unbegrenzt:

- **Beinheben**: Hebe deine Beine abwechselnd in die Luft, um deine Beinmuskulatur und Hüftbeuger auf das Training vorzubereiten.

- **Leichtes Joggen**: Laufe in einem moderaten Tempo, um deinen Kreislauf anzuregen und deine Beinmuskulatur aufzuwärmen.

- **Leichtes Joggen auf der Stelle**: Wenn du wenig Platz hast, ist Joggen auf der Stelle eine hervorragende Alternative.

- **Leichte Kniebeugen**: Führ' weniger intensive Kniebeugen durch, um deine Oberschenkelmuskulatur zu aktivieren und auf intensivere Belastungen vorzubereiten.

- **Seilspringen**: Eine dynamische Möglichkeit, den ganzen Körper in Bewegung zu bringen und das Herz-Kreislauf-System anzuregen.

- **Dynamisches Beinstrecken**: Flexible und kraftvolle Beinbewegungen, die vor allem die Oberschenkel- und Hüftmuskulatur ansprechen.

- **Dynamische Armstreckungen**: Streck deine Arme dynamisch aus, um deine Schultern und Arme auf das Training vorzubereiten.

- **Armkreisen**: Kreise deine Arme, um die Schultermuskulatur und Arme zu mobilisieren und zu wärmen.

- **Jumping Jacks**: Eine großartige Übung zur Anregung des Herz-Kreislauf-Systems und zur Aufwärmung der großen Muskelgruppen.

- **Ausfallschritte**: Mit diesen Schrittbewegungen aktivierst du deine Bein- und Gesäßmuskulatur.

- **Leichte Cardio-Übungen**: Einfache Herz-Kreislauf-Aktivitäten wie lockeres Laufen, Gehen oder hüpfen.

- **Dynamisches Stretching**: Bewegungsreiche Dehnübungen, die deine Flexibilität verbessern und die Muskulatur auf die bevorstehende Belastung vorbereiten.

- **Leichte Rotationsbewegungen**: Schwenke deinen Oberkörper in sanften Rotationsbewegungen, um die Wirbelsäule und den Core zu mobilisieren.

- **Lockeres Laufen**: Ein gemächlicher Lauf, um deinen Körper sanft auf das Training vorzubereiten.

- **Hüftkreisen**: Kreise deine Hüften, um die Flexibilität und Mobilität in diesem Bereich zu fördern.

- **Leichte Lockerungsübungen**: Einfache Bewegungen, um den ganzen Körper auf die wichtigste Aktivität vorzubereiten.

- **Beinschwünge**: Schwinge deine Beine vorwärts und rückwärts, um die Muskeln und Gelenke der unteren Extremitäten aufzuwärmen.

- **Schulterkreisen**: Kreise deine Schultern, um Verspannungen zu lösen und die Schultermuskulatur aufzuwärmen.

- **Körperrotationen**: Drehe den Oberkörper sanft von einer Seite zur anderen, um deine Rumpfmuskulatur zu mobilisieren.

- **Leichte Planks**: Eine modifizierte Version des Planks, um den Core zu aktivieren und zu stabilisieren.

- **Gehen auf der Stelle**: Eine einfache Methode, um mit wenig Platz den ganzen Körper in Bewegung zu bringen.

ABKÜHLEN

Jede Trainingseinheit sollte immer mit einer angemessenen Cool-down-Phase von einigen Minuten abgeschlossen werden. Diese Phase dient dazu:

- die Muskeldehnung zu fördern

- die Herzfrequenz zu stabilisieren

- das Verletzungsrisiko zu verringern

- die Regeneration zu optimieren

- die Effektivität des Trainings zu steigern

- die trainierten Muskeln zu dehnen und zu entspannen

- die Muskelregeneration zu unterstützen

- die Muskulatur auf die nächste Belastung vorzubereiten

- die Flexibilität zu verbessern

- die Erholungszeit zu verkürzen

Für eine kurze Abkühlphase eignen sich besonders gut:

- **Stretching**: Durch das Dehnen der Muskeln wird deren Flexibilität verbessert und die Durchblutung gefördert.

- **Dehnübungen**: Spezifische Übungen zur Dehnung helfen, Muskelverspannungen zu lösen und die Beweglichkeit zu erhöhen.

- **Leichtes Auslaufen**: Ein langsames Joggen oder lockeres Laufen hilft, die Herzfrequenz allmählich zu senken und die Durchblutung zu fördern.

- **Gehen**: Ein moderates Spazierengehen kann ebenfalls dabei helfen, die Herzfrequenz zu normalisieren und die Muskeln zu entspannen.

- **Yoga oder Pilates**: Sanfte Yoga- oder Pilates-Übungen unterstützen die Muskelentspannung und fördern die Flexibilität.

- **Foam Rolling (Faszientraining)**: Mithilfe einer Schaumstoffrolle können Verspannungen gelöst und die Muskeln massiert werden.

- **Atemübungen**: Bewusstes Atmen kann zur Beruhigung des Nervensystems und zur Entspannung beitragen.

- **Leichte Gymnastikübungen**: Wendige Bewegungen wie Armkreisen oder Hüftbeugen helfen, den Körper langsam herunterzufahren.

REGENERATION

Bei intensiveren Trainingseinheiten sollte ausreichend Zeit für die Regeneration eingeplant werden. Passen Sie Ihre Ruhezeiten Ihrem aktuellen Fitnessniveau an, um optimale Ergebnisse zu erzielen und sich auf die nächste Woche vorzubereiten.

Ein Ruhetag bedeutet jedoch nicht „gar nichts machen". Während völlige Inaktivität natürlich möglich ist, sind aktive Erholungsmaßnahmen, also leichte Aktivitäten, zu bevorzugen.

An Erholungstagen sollten Sie keine hochintensiven Übungen absolvieren, sondern sanfte Bewegungen praktizieren, um Ihre Muskeln zu entspannen, den Blutfluss zu fördern und die Erholung zu unterstützen.

Für die Regeneration können Sie folgende Aktivitäten durchführen:

- Atemübungen
- Leichte Mobilitätsroutinen (z.B. Mobilitätsübungen oder Mobility-Training)
- Leichtes Cardiotraining (z.B. entspanntes Laufen, leichtes Radfahren)
- Dehnungsübungen (z.B. sanftes Stretching)
- Sanftes Yoga oder Pilates
- Spaziergänge oder leichtes Walking
- Qigong

- Mentales Training oder Mindfulness Training

- Sanfte Bewegungsmeditation

- Taktische Bewegungen (z.B. Rollen, Crawls)

- Schwimmen

- Wandern

- Tiefenentspannungsübungen

HYDRATION, ERNÄHRUNG

Achten Sie darauf, ausreichend Wasser zu trinken, sich ausgewogen zu ernähren und genügend Schlaf zu bekommen, um die bestmöglichen Ergebnisse aus Ihrem Training zu erzielen. Eine gute Hydration und eine ausgewogene Ernährung sind entscheidend, um Ihre Leistungsfähigkeit und Erholung zu optimieren. Die Kombination aus ausreichend Flüssigkeitszufuhr, gesunder Ernährung und erholsamen Schlaf unterstützt Ihre körperliche Leistungsfähigkeit und hilft Ihnen, die physischen Anforderungen besser zu bewältigen.

Diese Maßnahmen sorgen dafür, dass sich Ihre Muskeln optimal erholen und stärker werden können.

Denken Sie daran:

1. Trinken Sie täglich genug Wasser.

2. Ernähren Sie sich ausgewogen.

3. Gönnen Sie sich ausreichend Schlaf.

Mehr dazu erfahren Sie in unserem Buch „Mission Nutrition".

LEITFADEN FÜR OPTIMALE SAUERSTOFFVERSORGUNG UND AUSDAUER

Bedeutung der Atmung: Eine gleichmäßige und tiefe Atmung ist entscheidend, um Ihren Körper während des Trainings optimal mit Sauerstoff zu versorgen und die Ausdauerleistung zu unterstützen. Vernachlässigen Sie nicht die Atmung; eine kontrollierte Atmung fördert die Sauerstoffversorgung und die muskuläre Kontrolle.

Grundlegende Atemtechnik:

- Atmen Sie tief und gleichmäßig, um Muskulatur und Ausdauer zu unterstützen.

- Nutzen Sie einen rhythmischen Atemzyklus: Atmen Sie durch die Nase ein und durch den Mund aus.

- Behalten Sie diesen Rhythmus während der gesamten Übung bei.

Atmung in spezifischen Trainingsphasen:

- **Dehnübungen:** Atmen Sie tief und gleichmäßig, um Ihren Körper zu entspannen und die Muskeln mit Sauerstoff zu versorgen.

- **Krafttraining:** Atmen Sie ein, wenn Sie die Beine heben, und aus, wenn Sie die Hüfte anheben. Bei Oberkörperübungen atmen Sie ein beim Strecken von Arm und Bein und aus beim Zurückführen in die Ausgangsposition.

- **Intensive Übungen:** Behalten Sie auch bei hoher Intensität eine tiefe und gleichmäßige Atmung bei. Atmen Sie ein, wenn Sie abspringen, und aus, wenn Sie landen.

Synchronisierung mit Bewegung:

- **Bewegungsabhängige Atmung:** Atmen Sie ein, wenn Sie sich absenken, und aus, wenn Sie sich nach oben drücken. Dies hilft, den Blutfluss und die Sauerstoffzufuhr zu den arbeitenden Muskeln zu optimieren.

- **Seitliche Bewegungen:** Atmen Sie ein, wenn Sie in die Mitte zurückkehren, und aus, wenn Sie sich seitwärts bewegen.

Gleichmäßige Atmung unter Belastung: Auch unter Anstrengung ist es wichtig, die Atmung kontrolliert und gleichmäßig zu halten, um die maximale Sauerstoffversorgung sicherzustellen.

Praktische Übungen zur Atemtechnik:

- Vermeiden Sie unregelmäßige Atmung durch Fokus auf einen gleichmäßigen Atemrhythmus.

- Koordinieren Sie Ihre Atmung mit den Bewegungen, um die Effizienz der Übung zu steigern und die Muskeln optimal zu aktivieren.

Indem Sie diese Atemtechnik-Tipps befolgen, unterstützen Sie nicht nur Ihre körperliche Leistungsfähigkeit, sondern fördern auch Ihre mentale Widerstandsfähigkeit und Ausdauer.

3.
WOCHE 1
GRUNDLAGENTRAINING

Tag 1:
Ganzkörper

- Jumping Jacks – 1 Minute
- Kniebeugen (Squats) – 45 Sekunden
- Liegestütze (Push-Ups) – 45 Sekunden
- Unterarm-Plank – 1 Minute
- Superman – 45 Sekunden
- Seitliche Plank (je Seite) – 30 Sekunden

Wiederholen Sie den gesamten Zirkel zweimal.

Tag 2:
Rumpf- und Rückenstabilität

- Jumping Jacks – 1 Minute
- Bicycle Crunches – 45 Sekunden

- Rückwärtige Ausfallschritte (Reverse Lunges) – 45 Sekunden

- Russische Twists – 1 Minute

- Vogel Hund (Bird Dog) – 45 Sekunden

- Brücke (Glute Bridge) – 1 Minute

Wiederholen Sie den gesamten Zirkel zweimal.

Tag 3:
Core und Haltung

- Jumping Jacks – 1 Minute

- Crunches mit Drehung – 45 Sekunden

- Plank-to-Push-Up – 45 Sekunden

- Seitliche Plank mit Abduktion (je Seite) – 30 Sekunden

- Hollow Hold – 1 Minute

- Supermans – 45 Sekunden

Wiederholen Sie den gesamten Zirkel zweimal.

Tag 4:
Ruhetag

Tag 5:
Bein- und Rückenmuskulatur

- Jumping Jacks – 1 Minute

- Kniebeugen (Squats) – 45 Sekunden

- Abwechselnde Ausfallschritte (Alternating Lunges) – 45 Sekunden

- Good Mornings – 1 Minute

- Superman – 45 Sekunden

- Unterarm-Plank – 1 Minute

Wiederholen Sie den gesamten Zirkel zweimal.

Tag 6:
Oberkörper und Haltung

- Jumping Jacks – 1 Minute

- Liegestütze (Push-Ups) – 45 Sekunden

- Mountain Climbers – 45 Sekunden

- Schulter-Taps in Plank-Position – 1 Minute

- YTW-Übung – 45 Sekunden

- Seitliche Plank – 1 Minute (30 Sekunden pro Seite)

Wiederholen Sie den gesamten Zirkel zweimal.

Tag 7:
Core und Flexibilität

- Jumping Jacks – 1 Minute

- Plank-to-Push-Up – 45 Sekunden

- Seitliche Crunches – 45 Sekunden

- Beinheben (Leg Raises) – 1 Minute

- Spiderman-Plank – 45 Sekunden

- Cobra-Stretch – 1 Minute

Wiederholen Sie den gesamten Zirkel zweimal.

4.
WOCHE 2
FORTSCHRITTSTRAINING

A b Woche zwei erhöhen wir die Intensität und führen Ihr Training nach demselben Muster fort, aber mit gesteigerter Intensität und einigen neuen Übungen. Wiederholen Sie jede Woche denselben Plan, wobei Sie die Anzahl der Wiederholungen und die Haltedauer schrittweise erhöhen.

- Tag 1: Fügt 5 Sekunden zu jeder Übung hinzu.

- Tag 2: Fügt 2-3 Wiederholungen hinzu.

- Tag 3: Halten Sie statische Übung 5 Sekunden länger.

- Tag 4: Ruhetag

- Tag 5: Erhöhte Dauer um 5 Sekunden.

- Tag 6: Mehr Wiederholungen oder längere Haltedauer.

- Tag 7: Erhöhte Dehndauer um 5 Sekunden.

5.
WOCHE 3 INTENSIVER

- Tag 1: Wiederholungen pro Übung erhöhen.

- Tag 2: Zusätzliche 10 Sekunden pro Übung.

- Tag 3: Erhöhen Sie statische Haltung um 10-15 Sekunden.

- Tag 4: Ruhetag

- Tag 5: Höhere Intensität und längere Dauer.

- Tag 6: Mehr Wiederholungen oder Zeit.

- Tag 7: Mehr Dehndauer um 10 Sekunden.

6.
WOCHE 4 NOCH INTENSIVER

- Tag 1: 50% mehr Wiederholungen.

- Tag 2: 20 Sekunden mehr pro Übung.

- Tag 3: Halten Sie statische Übungen 20 Sekunden länger.

- Tag 4: Ruhetag

- Tag 5: Höhere Intensität und Zeit.

- Tag 6: Hohe Wiederholungen oder Zeit.

- Tag 7: Mehr Dehndauer um 20 Sekunden.

7 ERLÄUTERUNGEN ZU DEN EINZELNEN ÜBUNGEN

ALTERNATING LUNGES

S tärkung und Flexibilität für Beine und Gesäss.
Alternierende Ausfallschritte, auch bekannt als
Alternating Lunges, sind eine funktionelle und
vielseitige Übung zur Verbesserung der Beinkraft, Flexibilität
der Hüftbeuger sowie zur Steigerung der
Gleichgewichtsfähigkeit und Koordination. Diese Übung ist
besonders effektiv, um die Muskulatur von Oberschenkeln,
Gesäss und auch der Rumpfstabilisatoren zu stärken.

1. Ausgangsposition:
   Stellen Sie sich aufrecht hin, Füsse etwa hüftbreit
   auseinander und Hände in die Hüften gestützt oder
   entweder vor der Brust verschränkt oder seitlich am
   Körper, um das Gleichgewicht zu halten.

2. Schritt nach vorn:
   Machen Sie einen grossen Schritt nach vorne mit dem linken Fuss, wobei Sie darauf achten, dass der Oberkörper aufrecht bleibt und Sie das Gewicht hauptsächlich auf der Ferse des vorderen Fussses verlagern.

3. Abwärtsbewegung:
   Beugen Sie beide Knie, sodass sich das vordere Knie über dem Fussgelenk befindet, während das hintere Knie in Richtung Boden sinkt. Dabei sollte ein rechter Winkel in beiden Knien angestrebt werden, ohne dass das hintere Knie den Boden berührt.

4. Aufwärtsbewegung:
   Drücken Sie sich fest mit der Ferse des vorderen Fusses ab, um in die Ausgangsposition zurückzukehren. Dabei sollten die Gesässmuskeln aktiviert werden.

5. Seitenwechsel:
   Wiederholen Sie die Bewegung, indem Sie mit dem rechten Fuss einen Schritt nach vorne machen.

6. Fortlaufende Durchführung:
   Führen Sie abwechselnde Schritte fort, wechseln Sie mit jedem Durchgang die Seite.

Wiederholungen und Sets:

- Beginnen Sie mit 2-3 Sets von 10-15 Ausfallschritten pro Bein.

- Mit zunehmender Kraft und Ausdauer können Wiederholungen, Sets oder Schwierigkeiten (z.B. durch Hinzufügen von Gewichten) erhöht werden.

Tipps für eine erfolgreiche Ausführung:

- Halten Sie den Oberkörper während der Bewegung gerade und stabil.

- Schauen Sie geradewegs, nicht nach unten, um den Nacken in einer neutralen Position zu halten.

- Vermeiden Sie es, das vordere Knie über die Zehen hinauszuschieben, um Druck vom Kniegelenk zu nehmen.

- Senken Sie das hintere Knie kontrolliert ab, ohne mit ihm aufzukommen oder auf dem Boden aufzustützen.

Häufige Fehler:

- Zu kleiner Schritt nach vorne, was einen unangemessenen Druck auf das Knie ausüben und zu Verletzungen führen kann.

- Einknicken des Knies nach innen, was auf eine Schwäche oder Müdigkeit der umgebenden Muskulatur hinweisen kann.

- Überstreckung des Rückens oder zu starkes Vorneigen, was die Wirbelsäule belasten kann.

- Verlust des Gleichgewichts aufgrund einer zu schnellen oder unkoordinierten Ausführung.

Alternierende Ausfallschritte sind ein effektives Element eines jeden Trainingsprogramms, um Kraft und Stabilität in Beinen und Gesäss zu entwickeln. Mit der Zeit und gesteigerter Fitness können Variationen in Intensität und Technik, wie zum Beispiel Sprung-Ausfallschritte oder Ausfallschritte mit Drehung, integriert werden. Beachten Sie stets die richtige Ausführung und achten Sie auf die Signale Ihres Körpers, um Verletzungen zu vermeiden und das Beste aus Ihrer Trainingseinheit herauszuholen.

BICYCLE CRUNCHES

EFFEKTIVE ÜBUNG FÜR STARKE SCHRÄGE BAUCHMUSKELN UND EINEN STARKEN CORE

Fahrrad-Crunches sind eine effektive Bauchmuskelübung, die insbesondere darauf abzielt, die schrägen Bauchmuskeln, den Rectus Abdominis (den "Sixpack-Muskel") und auch die tiefer liegenden Bauchmuskeln zu trainieren. Diese Übung simuliert das Treten eines Fahrrads und die dazu passenden Rotationen des Oberkörpers.

So führen Sie Fahrrad-Crunches korrekt aus:

1. Startposition:
   Legen Sie sich auf den Rücken mit flach auf dem Boden liegenden Füssen und gebeugten Knien. Platzieren Sie Ihre Hände leicht an die Seiten Ihres Kopfes oder hinter die Ohren, ohne dabei die Finger zu verschränken.

2. Anheben des Oberkörpers:
   Heben Sie Ihren Oberkörper leicht an, um die Bauchmuskeln zu aktivieren. Achten Sie darauf, den Nacken nicht zu strapazieren.

3. Beinbewegung einleiten:
   Ziehen Sie Ihr rechtes Knie in Richtung Brust, während Sie das linke Bein ausstrecken. Ihr linkes Bein sollte einige Zentimeter über dem Boden schweben.

4. Oberkörperdrehung:
   Drehen Sie Ihren Oberkörper, sodass Ihr linker Ellenbogen sich in die Richtung des herangezogenen rechten Knies bewegt. Berühren Sie jedoch nicht den Ellenbogen mit dem Knie.

5. Wechsel:
   Wechseln Sie die Position Ihrer Beine gleichzeitig, als würden Sie Fahrrad fahren. Ziehen Sie nun das linke Knie in Richtung Ihrer Brust und strecken Sie das rechte Bein aus, während Sie den rechten Ellenbogen zum linken Knie führen.

6. Weitermachen:
   Führen Sie diese Bewegungen abwechselnd und in einem kontrollierten Tempo fort. Ihre Beine sollten die ganze Zeit in Bewegung bleiben und die Ellenbogen sollten abwechselnd den sich entgegengesetzt bewegenden Knien angenähert werden.

Einige Tipps für Fahrrad-Crunches:

- Stellen Sie sicher, dass die Bewegung aus Ihren Bauchmuskeln kommt und nicht durch Schwung entsteht.

- Vermeiden Sie es, an Ihrem Nacken zu ziehen. Halten Sie den Nacken in einer neutralen Position, indem Sie den Blick an die Decke oder die Wand vor Ihnen richten.

- Um die Intensität zu erhöhen, können Sie die Bewegung langsamer machen und sich auf die Rotation und den Weg, den Ihr Ellenbogen zurücklegt, konzentrieren.

Fahrrad-Crunches können eine Herausforderung darstellen, sind jedoch sehr wirksam für die Entwicklung von starken und definierten Bauchmuskeln. Üben Sie diese abwechslungsreiche und effektive Bauchübung regelmässig aus, um die besten Ergebnisse zu erzielen.

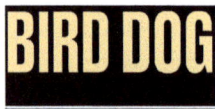

STABILISIERENDE ÜBUNG FÜR RUMPF UND RÜCKEN

Bird Dogs sind eine hervorragende Übung zur Stärkung und Stabilisierung der Kernmuskulatur, einschliesslich der Rückenextensoren, der Bauchmuskeln und der Muskeln, die das Becken umgeben. Zusätzlich verbessert diese Übung das Gleichgewicht, die Koordination und fördert die funktionale Fitness. Durch die simultane Arbeit von Armen und Beinen sowie die Haltephasen wird zudem die Körperspannung geschult.

Anleitung zur korrekten Ausführung von Bird Dogs:

- Ausgangsposition: Beginnen Sie im Vierfüsslerstand mit Ihren Knien direkt unter Ihren Hüften und Ihren Handflächen direkt unter Ihren Schultern. Halten Sie Ihren Rücken in einer neutralen Position, ohne dass er durchhängt oder übermässig rund ist. Kopf und Nacken bilden eine Verlängerung der Wirbelsäule.

- Bewegungsausführung: Heben Sie gleichzeitig das rechte Bein und den linken Arm an, bis beide ungefähr in umgekehrter V-Form ausgerichtet sind. Ihr gehobenes Bein sollte ausgestreckt sein und Ihr Arm in einer Linie mit Ihrem Ohr. Achten Sie darauf, Ihren Rücken während der Bewegung so ruhig und stabil wie möglich zu halten.

- Halteposition: Halten Sie die Position kurz (etwa ein bis zwei Sekunden) und konzentrieren Sie sich dabei auf die Stabilisierung Ihres Rumpfes. Ihr Blick ist nach unten gerichtet, um eine neutrale Nackenposition zu gewährleisten.

- Rückkehr zur Ausgangsposition: Senken Sie Ihren Arm und Ihr Bein langsam und kontrolliert zurück in die Ausgangsposition, ohne dass Ihre Knie oder Hände die Position verlassen.

- Seitenwechsel: Wiederholen Sie die Übung mit dem linken Bein und dem rechten Arm.

Wichtiges zur Ausführung:

- Vermeiden Sie, dass das Becken während der Übung kippt oder rotiert, um die Wirbelsäule zu schonen.

- Konzentrieren Sie sich auf die Länge des Körpers, nicht auf die Höhe, um Überstreckungen zu vermeiden.

- Führen Sie Bird Dogs langsam und mit bewusster Muskelkontrolle aus, statt Geschwindigkeit und Menge der Wiederholungen zu fokussieren.

- Achten Sie auf eine gleichmässige Gewichtsverteilung auf die verbleibenden drei Stützpunkte (eine Hand, das gegenüberliegende Knie) während der gesamten Übung.

Häufige Fehler:

- Das Heben des Armes oder Beines zu hoch, was zu einer Überstreckung des unteren Rückens führt.

- Die Hüfte des gestreckten Beines kippt und rotiert, wodurch der Rumpf destabilisiert wird.

- Zu schnelle Bewegungen, die die Kontrolle über die Ausführung vermindern und die Effektivität der Übung einschränken.

- Mangelnde Konzentration auf die Rumpfstabilität.

Bird Dogs eignen sich hervorragend als Teil des Aufwärmprogramms vor dem Training, als gezielte Rückenstärkung oder als Übung in einer Kernmuskel-Routine. Regelmässiges Praktizieren der Bird Dogs kann die Rumpfstabilität verbessern, Haltungsschwächen vorbeugen und die allgemeine Funktionalität und Balance des Körpers verbessern.

CRUNCHES MIT DREHUNG

KRÄFTIGUNG DER SEITLICHEN BAUCHMUSKULATUR

Crunches mit Drehung, auch Rotational Crunches genannt, sind eine effektive Übung zur Stärkung der gesamten Bauchmuskulatur, insbesondere der schrägen Bauchmuskeln. Diese Übung kombiniert den klassischen Crunch mit einer seitlichen Drehbewegung, um den Rumpf intensiv zu trainieren. In diesem Artikel erklären wir die korrekte Ausführung von Crunches mit Drehung und stellen verschiedene Variationen vor, um das Training abwechslungsreicher zu gestalten.

Die richtige Ausführung von Crunches mit Drehung

1. Ausgangsposition:

- **Liegen:** Legen Sie sich flach auf den Rücken. Beugen Sie die Knie und stellen Sie die Füße flach auf den Boden, etwa hüftbreit auseinander.

- **Hände an den Kopf:** Bringen Sie Ihre Hände hinter den Kopf, ohne den Nacken zu ziehen. Die Ellbogen sind nach außen gerichtet.

2. Bewegung:

- **Anheben des Oberkörpers:** Heben Sie den Oberkörper vom Boden ab, indem Sie Ihre Bauchmuskeln anspannen. Vermeiden Sie es, mit den Händen zu ziehen; nutzen Sie statt dessen Ihre Bauchmuskeln.

- **Drehung:** Drehen Sie den Oberkörper nach rechts und versuchen Sie, den linken Ellbogen zum rechten Knie zu führen. Halten Sie die Spannung für einen Moment und achten Sie darauf, dass die Bewegung aus den Bauchmuskeln kommt und nicht aus dem Nacken.

- **Rückkehr:** Kehren Sie kontrolliert in die Ausgangsposition zurück, ohne den Oberkörper ganz abzulegen.

3. Wiederholung:

- **Wechseln:** Heben Sie den Oberkörper erneut an und drehen Sie ihn dieses Mal nach links, indem Sie den rechten Ellbogen zum linken Knie führen.

- **Kontinuierliche Bewegung:** Führen Sie diese Übung im Wechsel durch, sodass jede Seite gleichmäßig trainiert wird. Eine typische Serie besteht aus 10-15 Wiederholungen pro Seite.

Häufige Fehler und Korrekturen:

- **Ziehen am Nacken:** Viele neigen dazu, mit den Händen am Kopf zu ziehen. Halten Sie den Nacken entspannt und lassen Sie die Bauchmuskeln die Arbeit machen.

- **Unzureichende Drehung:** Stellen Sie sicher, dass die Drehbewegung aus dem Rumpf kommt und nicht nur die Ellbogen bewegt werden.

- **Schnelle und unkontrollierte Bewegung:** Führen Sie die Übung langsam und kontrolliert aus, um die Muskeln effektiv zu trainieren und Verletzungen zu vermeiden.

Um das Training intensiver und abwechslungsreicher zu gestalten, können folgende Variationen integriert werden:

1. Bicycle Crunches:

   - **Ausführung:** Während Sie den Oberkörper drehen, heben Sie das gegenüberliegende Bein an und strecken das andere Bein aus, ähnlich der Bewegung beim Radfahren.

   - **Schwierigkeit:** Erfordert mehr Koordination und trainiert zusätzlich die unteren Bauchmuskeln.

2. Kompakte Rotational Crunches:

   - **Ausführung:** Heben Sie die Beine im rechten Winkel an, sodass die Waden parallel zum Boden sind. Führen Sie die Drehbewegung wie gewohnt durch.

   - **Schwierigkeit:** Erhöht die Intensität und beansprucht die Bauchmuskeln auf ein Neues.

3. Medizinball Crunches mit Drehung:

   - **Ausführung:** Halten Sie einen Medizinball oder ein anderes Gewicht vor der Brust. Drehen Sie den Oberkörper während der Crunch-Bewegung und führen Sie den Ball zur gegenüberliegenden Seite.

   - **Schwierigkeit:** Erhöht die Muskelkraft durch den zusätzlichen Widerstand.

4. Oblique V-Ups:

   - **Ausführung:** Legen Sie sich auf die Seite und stützen Sie den Körper mit einem Arm ab. Heben Sie gleichzeitig die Beine und den Oberkörper an, um wie ein "V" zu formen, und drehen Sie den Oberkörper dabei.

   - **Schwierigkeit:** Beansprucht intensiv die seitlichen Bauchmuskeln und verbessert die Körperkontrolle.

5. Rotational Crunches auf dem Gymnastikball:

- **Ausführung:** Legen Sie sich mit Rücken und Hüften auf einen Gymnastikball und führen Sie die Drehbewegung wie gewohnt aus.

- **Schwierigkeit:** Erhöht die Instabilität und fordert die Rumpfstabilität mehr.

Tipps für eine sichere und effektive Ausführung

- **Core stärken:** Fokussieren Sie sich immer auf die Spannung in der Bauchmuskulatur und vermeiden Sie, den Nacken zu belasten.

Fazit: Crunches mit Drehung sind eine effektive Übung zur gezielten Stärkung der seitlichen Bauchmuskeln und zur Verbesserung der Rumpfstabilität. Mit der richtigen Technik und durch verschiedene Variationen können Sie Ihr Training intensivieren und abwechslungsreicher gestalten. Achten Sie immer auf eine saubere Ausführung, um das Verletzungsrisiko zu minimieren und das Beste aus Ihrem Training herauszuholen. Durch regelmäßiges Einbeziehen von Crunches mit Drehung in Ihr Fitnessprogramm werden Sie schnell Fortschritte sehen und Ihre allgemeine körperliche Verfassung und Rumpfkraft erheblich verbessern.

GLUTE BRIDGE

Die Glute Bridge, auch bekannt als Hüftbrücke, ist eine populäre und wirksame Übung zur Stärkung der Gesässmuskulatur (Glutealmuskulatur), die auch Hamstrings (hintere Oberschenkelmuskulatur), den unteren Rücken und den Rumpf beansprucht. Diese Übung verbessert nicht nur die Form der Gesässmuskulatur, sondern ist auch vorteilhaft für die Haltung und kann helfen, Rückenschmerzen zu reduzieren. In diesem Artikel gehen wir detailliert auf die richtige Ausführung der Glute Bridge ein, damit Sie das Maximum aus dieser effektiven Übung herausholen können.

Schritt-für-Schritt-Anleitung zur Glute Bridge:

1. Vorbereitung: Starten Sie die Übung, indem Sie sich auf den Rücken legen. Stellen Sie Ihre Füsse flach auf den Boden, wobei die Ferse etwa handbreit von Ihren Gesässmuskeln entfernt ist. Die Füsse sind hüftbreit auseinander. Legen Sie Ihre Arme flach an die Seiten mit den Handflächen nach unten.

2. Ausrichtung von Füssen und Knien: Achten Sie darauf, dass Ihre Füsse parallel zueinander stehen und die Knie während der gesamten Übung über den Knöcheln positioniert sind.

3. Aktivierung der Kernmuskulatur: Spannen Sie Ihre Bauchmuskeln an, indem Sie Ihren Nabel in Richtung Ihrer Wirbelsäule ziehen. Dies stabilisiert den Rumpf und schützt den unteren Rücken.

4. Heben der Hüfte: Heben Sie langsam Ihre Hüften in einer gleichmässigen Bewegung vom Boden ab, bis Ihre Oberschenkel und Ihr Oberkörper eine gerade Linie bilden. Es ist wichtig, das Becken leicht zu kippen und den unteren Rücken nicht zu überstrecken.

5. Statische Haltephase: Halten Sie diese Position oben für ein paar Sekunden, wobei Sie die Gesässmuskeln fest zusammenpressen. Stellen Sie sicher, dass die Knie nach wie vor hüftbreit auseinander und parallel zueinander sind.

6. Absenken der Hüfte: Senken Sie Ihre Hüften langsam und kontrolliert wieder auf die Matte ab, ohne diese vollständig abzulegen, bevor Sie die nächste Wiederholung starten.

7. Wiederholungen: Führen Sie etwa 10-20 Wiederholungen durch und achten Sie darauf, die korrekte Form beizubehalten.

Häufige Fehler bei der Glute Bridge, die es zu vermeiden gilt:

- Überstreckung des Rückens: Vermeiden Sie es, den unteren Rücken übermässig zu biegen, da dies zu Verspannungen im Rücken führen kann. Der Fokus sollte darauf liegen, die Hüften mit den Gesässmuskeln anzuheben, nicht den Rücken.

- Nicht ausreichendes Anspannen der Gesässmuskeln: Stellen Sie sicher, dass die Glutealmuskulatur aktiviert wird und nicht die Oberschenkelmuskulatur die Hauptarbeit leistet.

- Knie fallen nach innen: Halten Sie die Knie fest und sorgen Sie dafür, dass sie während der gesamten Übung nicht nach innen fallen.

- Zu schnelle Ausführung: Führen Sie die Bewegung langsam und kontrolliert aus, anstatt Schwung zu nutzen, um die Hüfte anzuheben.

- Die Füsse zu dicht am Gesäss oder zu weit weg positionieren: Dies kann zu geringerer Aktivierung der Gesässmuskulatur führen oder die Belastung auf die Knie erhöhen.

Die Glute Bridge ist eine ausgezeichnete Übung, um Ihre Gesässmuskulatur zu festigen und zu stärken. Indem Sie diese Schritte zu einer korrekten Ausführung befolgen, können Sie sicherstellen, dass Sie die Übung effektiv und sicher durchführen, um das beste Ergebnis zu erzielen.

GOOD MORNINGS

Technik und Vorteile zur Stärkung der hinteren Muskelkette.

Die Übung "Good Mornings" ist eine klassische Bewegung, die besonders die hintere Muskelkette, einschliesslich der unteren Rückenmuskulatur, des Gesässes und der hinteren Oberschenkelmuskulatur, trainiert. Obwohl diese Übung einfach aussieht, erfordert sie eine präzise Technik, um Verletzungen zu vermeiden und maximale Effizienz zu erzielen.

Vorteile von Good Mornings:

- Kräftigung des unteren Rückenbereichs

- Verbesserung der Hüftbeweglichkeit

- Stärkung der hinteren Oberschenkelmuskulatur

- Verbesserung der Körperhaltung

- Unterstützung bei der Entwicklung einer starken Rumpfmuskulatur

- Übertrag auf andere Bewegungsmuster, wie z.B. Kreuzheben und Kniebeugen

Anleitung zur korrekten Ausführung von Good Mornings:

1. Ausgangsposition:

   - Stellen Sie sich schulterbreit hin, die Füsse parallel und leicht nach aussen gedreht.

   - Platzieren Sie eine Langhantel auf Ihrem oberen Rücken (nicht auf dem Nacken), so dass sie bequem ruht. Eine alternative Option ist, die Übung ohne Gewicht oder mit einem leichten Gewicht durchzuführen, um sich auf die Technik zu konzentrieren.

   - Greifen Sie die Hantelstange mit beiden Händen etwas weiter als schulterbreit und ziehen Sie die Schulterblätter zusammen.

2. Bewegungsausführung:

   - Spannen Sie die Rumpfmuskulatur fest an und halten Sie den Rücken in einer neutralen Position.

   - Beginnen Sie die Bewegung, indem Sie die Hüften nach hinten schieben. Denken Sie daran, dass dies eine Hüftbewegung und keine Rückenbewegung ist.

   - Beugen Sie sich langsam nach vorne, wobei der Oberkörper parallel oder leicht unterhalb der Parallelität zum Boden absinkt. Halten Sie die Knie nur leicht gebeugt und nicht ausgestreckt oder durchgedrückt.

   - Achten Sie darauf, dass Ihr Rücken während der gesamten Bewegung gerade bleibt und nicht rundet. Ihr Blick sollte nach vorne oder leicht nach unten gerichtet sein, um die Nackenposition neutral zu halten.

3. Rückkehr zur Ausgangsposition:

   - Drücken Sie die Hüften nach vorne, um den Oberkörper wieder in die aufrechte Position zu heben. Konzentrieren Sie sich darauf, diese Bewegung primär mit der Hüftmuskulatur auszuführen.

- Spannen Sie die Gesässmuskulatur am oberen Punkt der Bewegung bewusst an, um die Hüfte voll auszuschliessen und den Rücken in einer neutralen Position zu halten.

4. Fortsetzung der Übung:

- Wiederholen Sie den Ablauf in gleichmässigen und kontrollierten Bewegungen für die gewünschte Anzahl an Wiederholungen.

Wichtige Aspekte der korrekten Ausführung:

- Hüftbewegung: Die Bewegung sollte primär aus den Hüften kommen und nicht aus dem Rücken. Stellen Sie sich vor, Sie schieben die Hüften nach hinten.

- Rumpfstabilität: Halten Sie die Bauchmuskeln während der gesamten Übung fest angespannt, um die Wirbelsäule zu schützen.

- Rückenhaltung: Vermeiden Sie ein Rundwerden des Rückens. Halten Sie während der gesamten Bewegung eine neutrale Rückenposition.

- Knie leicht gebeugt: Halten Sie Ihre Knie leicht gebeugt und vermeiden Sie es, sie durchzudrücken oder vollständig zu strecken.

Trainingstipps:

- Gewichtsauswahl: Beginnen Sie mit leichtem Gewicht oder sogar nur mit der Langhantelstange, um die korrekte Technikausführung zu üben. Erhöhen Sie das Gewicht schrittweise, sobald Sie sich sicher und stabil fühlen.

- Wiederholungen und Sätze: Starten Sie mit 2-3 Sätzen à 8-12 Wiederholungen. Steigern Sie die Anzahl der Wiederholungen und Sätze je nach Fortschritt.

Häufige Fehler und wie man sie vermeidet:

- Runder Rücken: Halten Sie immer eine neutrale Rückenposition ein. Ein runder Rücken kann zu Verletzungen führen und reduziert die Effektivität der Übung.

- Knie durchdrücken: Halten Sie die Knie leicht gebeugt, um eine bessere Stabilität und Muskelaktivierung der hinteren Oberschenkel zu gewährleisten.

- Nacken überstrecken: Achten Sie darauf, dass Ihr Kopf in einer neutralen Position bleibt. Vermeiden Sie es, den Nacken zu überstrecken oder zu stark zu beugen.

- Schwung benutzen: Vermeiden Sie es, Schwung zu holen. Führen Sie die Bewegung langsam und kontrolliert aus, um die Muskelbeanspruchung zu maximieren und Verletzungen zu vermeiden.

Fazit: Die Good Mornings sind eine äusserst effektive Übung zur Stärkung der hinteren Muskelkette, insbesondere des unteren Rückens, des Gesässes und der hinteren Oberschenkel. Durch die richtige Ausführung dieser Übung können Sie Ihre Körperhaltung verbessern, die Hüftbeweglichkeit erhöhen und die Rumpfstabilität optimieren. Integrieren Sie Good Mornings regelmässig in Ihr Trainingsprogramm, um von den zahlreichen Vorteilen zu profitieren und Ihre Fitnessziele zu erreichen. Achten Sie stets auf die korrekte Technik und führen Sie die Bewegungen kontrolliert und präzise aus, um den besten Trainingseffekt zu erzielen und Verletzungen zu vermeiden.

HOLLOW HOLD

Die Hollow Hold-Position ist eine zentrale Übung für das Core-Training, die häufig im Gymnastik- und Fitnessbereich genutzt wird. Sie zielt darauf ab, die Bauchmuskeln zu stärken und eine solide Grundlage für eine bessere Körperhaltung und leistungsfähige Bewegungsabläufe zu schaffen. Um den maximalen Nutzen aus dieser Übung zu ziehen, ist die richtige Ausführung entscheidend. Hier erfahren Sie, wie Sie einen korrekten Hollow Hold durchführen und gängige Fehler vermeiden.

Schritt-für-Schritt-Anleitung zum Hollow Hold:

1. Beginnen Sie in Rückenlage:
   Legen Sie sich flach auf den Rücken auf eine bequeme und feste Unterlage, z.B. eine Gymnastikmatte. Ihre Arme legen Sie entlang des Körpers ab, die Beine sind gestreckt, und die Füsse sind zusammen.

2. Drücken Sie Ihren unteren Rücken in den Boden:
   Spannen Sie Ihre Bauchmuskeln an, um Ihren unteren Rücken aktiv in den Boden zu drücken. Dies verhindert ein Hohlkreuz und schützt Ihre Wirbelsäule.

3. Heben Sie die Schultern und Arme an:
   Heben Sie Schulterblätter und Arme vom Boden ab, wobei Ihre Arme neben Ihren Ohren oder über Ihrem Kopf gestreckt sind. Schauen Sie zwischen Ihre Arme oder auf Ihre Füsse, um den Nacken in einer neutralen Position zu halten.

4. Heben Sie die Beine:
   Strecken Sie Ihre Beine, heben Sie sie vom Boden und halten Sie sie zusammen. Der Schwierigkeitsgrad hängt vom Hebewinkel Ihrer Beine ab – je niedriger, desto anspruchsvoller. Wichtig ist, dass der untere Rücken währenddessen Kontakt zum Boden hält.

5. Halten Sie die Position:
   Halten Sie die Spannung und die Position für die
   festgelegte Zeit oder solange Sie können, ohne die Form
   zu verlieren. Atmen Sie gleichmässig, um die
   Bauchmuskeln auch während der Spannungsphase zu
   aktivieren.

6. Kontrolliertes Lösen:
   Senken Sie Arme und Beine kontrolliert wieder auf den
   Boden und entspannen Sie die Muskulatur.

Tipps für eine effektive Durchführung:

- Stellen Sie sicher, dass Ihre Bauchmuskeln engagiert und
  aktiv sind, um den unteren Rücken am Boden zu halten.

- Fangen Sie mit höheren Beinpositionen an und arbeiten
  Sie sich schrittweise nach unten, während Sie stärker
  werden.

- Beginnen Sie mit kürzeren Intervallen (z.B. 10-20
  Sekunden) und steigern Sie allmählich die Haltezeit, um
  Muskelausdauer zu entwickeln.

Häufige Fehler:

- Hohlkreuz: Wenn Ihr unterer Rücken vom Boden abhebt,
  verlieren Sie die Integrität der Übung und riskieren
  Rückenschmerzen. Verhindern Sie dies durch das
  konsequente Halten der Bauchspannung.

- Zu niedrige Beinpositionierung: Vor allem Anfänger neigen
  dazu, die Beine zu tief zu halten, was zu Spannungsverlust
  führt. Starten Sie mit höheren Beinen, um die Technik zu
  meistern.

- Hochgezogene Schultern: Halten Sie die Schultern weg
  von den Ohren, um Nackenverspannungen zu minimieren.

- Überdehnung des Nackens: Der Blick sollte geradeaus gerichtet sein, um den Nacken nicht unnötig zu belasten.

Der Hollow Hold ist eine herausfordernde, jedoch unglaublich wirkungsvolle Übung, die Ihren Rumpf stabilisiert und verschiedene Bewegungsabläufe unterstützt. Indem Sie die obigen Anweisungen befolgen, können Sie sicherstellen, dass Sie diese Übung effektiv und ohne Verletzungsrisiko ausführen. Denken Sie daran, dass Qualität und Körperspannung über der Quantität und Haltezeit stehen; üben Sie geduldig und konsequent, um Fortschritte zu erzielen.

JUMPING JACKS

Jumping Jacks sind eine dynamische und einfache Ganzkörperübung, die oft als Teil eines Aufwärmtrainings oder eines hochintensiven Intervalltrainings (HIIT) genutzt wird. Sie dienen der Verbesserung der kardiovaskulären Ausdauer und der Koordination.

Hier ist, wie du Jumping Jacks korrekt ausführst:

1. Startposition: Stehe aufrecht mit geschlossenen Beinen, die Arme liegen entspannt an den Seiten deines Körpers.

2. Der Sprung: Springe und spreize gleichzeitig deine Beine schulter- bis hüftbreit auseinander. Hebe währenddessen deine Arme seitlich über den Kopf bis sich die Handflächen nahezu berühren.

3. Rückkehr: Springe erneut und führe deine Beine zusammen, während du gleichzeitig die Arme wieder an die Seiten deines Körpers bringst.

4. Wiederhole diese Bewegungen rhythmisch und kontinuierlich. Der Wechsel zwischen Spreizung und Schliessung der Beine sowie das gleichzeitige Heben und Senken der Arme schafft ein gutes Ganzkörpertraining und erhöht die Herzfrequenz.

Tipps für Jumping Jacks:

- Bei der Ausführung ist es wichtig, dass du auf dem vorderen Teil deiner Füsse landest, um die Belastung für die Knie zu verringern.

- Halte deinen Rumpf stabil und den Rücken gerade.

Jumping Jacks eignen sich hervorragend, um das Herz-Kreislauf-System zu stärken.

KNIEBEUGEN

Kniebeugen, auch als Squats bekannt, sind eine der grundlegendsten und wirkungsvollsten Übungen für die untere Körperhälfte. Wenn sie korrekt ausgeführt werden, stärken sie die Beinmuskulatur, das Gesäss, die Hüften und den Rumpf. Darüber hinaus fördern sie die Gelenkbeweglichkeit und können die Funktion von Sehnen und Bändern verbessern. Wegen ihres hohen Werts für ein ganzheitliches Krafttraining sind Kniebeugen ein zentraler Bestandteil vieler Fitnessprogramme. Um das Beste aus dieser Übung herauszuholen und Verletzungen zu vermeiden, ist die richtige Ausführung entscheidend.

Anleitung zur korrekten Ausführung von Kniebeugen:

1. Haltung:
   Beginnen Sie in einer aufrechten Position mit den Füssen etwa schulterbreit auseinander. Die Zehen können leicht nach aussen zeigen. Richten Sie Ihren Blick geradeaus und halten Sie Ihr Kinn parallel zum Boden, um den Nacken neutral zu positionieren.

2. Bewegungsbeginn:
   Heben Sie die Arme vor sich, um das Gleichgewicht zu halten, oder falten Sie sie über der Brust. Alternativ können Sie die Hände hinter dem Kopf verschränken oder sie gerade am Körper entlangführen, je nachdem, was für Sie angenehm ist.

3. Absenkphase:
   Beginnen Sie, die Hüften zurückzuschieben, als würden Sie sich auf einen imaginären Stuhl setzen. Beugen Sie die Knie und senken Sie Ihren Körper langsam und kontrolliert ab. Achten Sie darauf, dass die Knie parallel zu den Füssen bleiben und nicht über die Zehen hinausragen.

4. Tiefe der Kniebeuge:
   Die ideale Tiefe einer Kniebeuge wird erreicht, wenn die Oberschenkel parallel zum Boden sind. Einige können tiefer gehen, was zu einer stärkeren Aktivierung der Gesässmuskulatur führt. Allerdings ist dies nur zu empfehlen, wenn Sie über eine gute Beweglichkeit verfügen und keine Schmerzen haben.

5. Aufwärtsbewegung:
   Drücken Sie fest durch die Fersen, um Ihren Körper wieder

in die Ausgangsposition zu heben. Stellen Sie sicher, dass sich Ihr Rücken in einer neutralen Position befindet und nicht rund wird.

6. Wiederholungen:
Führen Sie Kniebeugen für die gewünschte Anzahl von Wiederholungen aus. Achten Sie stets darauf, die Bewegung mit voller Kontrolle und ohne Schwung durchzuführen.

Tipps für eine effektive Kniebeugenausführung:

- Halten Sie Ihren Rumpf straff und stabil, um den unteren Rücken zu schützen.

- Vermeiden Sie, dass sich die Knie nach innen oder aussen bewegen.

- Halten Sie die Füsse flach auf dem Boden und verlagern Sie das Gewicht auf die Ferse, um die richtigen Muskeln zu aktivieren.

Fehler, die es zu vermeiden gilt:

- Zu schnelles Absenken, was die Kontrolle über die Bewegung beeinträchtigt und die Verletzungsgefahr erhöht.

- Runden des Rückens, was zu Belastungen im unteren Rückenbereich führen kann.

- Überstrecken der Knie über die Zehen hinaus kann auf Dauer das Kniegelenk belasten.

Ob als Körpergewichtübung, mit Hanteln oder in einer Powerlifting-Routine, Kniebeugen sind vielseitig und bieten zahlreiche Vorteile für Kraft, Flexibilität und Gesamtbewegung.

LEG RAISES

Das Beinheben im Liegen oder Beinheben, bekannt als Leg Raises oder Lying Leg Lifts, ist eine effektive Übung zur Stärkung des unteren Bauchbereichs und anderen Kernmuskeln wie Hüftbeuger und Stabilität des Rumpfes. Richtig ausgeführt kann diese Übung dabei helfen, eine stabile Körpermitte aufzubauen.

Vorbereitung für das Beinheben liegend: Zum Anfang der Übung legen Sie sich flach mit dem Rücken auf eine komfortable, feste Unterlage. Ihre Beine sind ausgestreckt und die Arme liegen entspannt an Ihrer Seite mit den Handflächen entweder nach unten auf den Boden oder unter den Gesässmuskeln für zusätzliche Unterstützung der Lendenwirbelsäule.

Richtige Ausführung:

1. Spannen Sie Ihren Bauch fest an und drücken Sie Ihren unteren Rücken in den Boden, um die Lendenwirbelsäule zu stabilisieren.

2. Heben Sie beide Beine gleichzeitig gerade vom Boden, ohne dabei das Becken zu kippen oder die Lendenwirbelsäule vom Boden zu lösen.

3. Heben Sie die Beine so hoch, bis diese einen Winkel von etwa 90 Grad zum Boden bilden, oder so weit, wie Sie dies ohne Einsatz des Rückenmuskels können. Es ist wichtig, dass die Bewegung langsam und kontrolliert erfolgt.

4. Halten Sie kurz die Spannung, wenn die Beine oben sind.

5. Ausatmen, während Sie Ihre Beine wieder senken, jedoch ohne diese auf dem Boden abzulegen. Die Bewegung sollte langsam und kontrolliert sein, um ein Durchhängen

des Rückens zu verhindern und den Druck auf die Bauchmuskeln aufrechtzuerhalten.

6. Wiederholen Sie die Übung für die vorgeschriebene Anzahl von Sätzen und Wiederholungen.

Häufige Fehler:

- Das zu weite Absenken der Beine kann dazu führen, dass der untere Rücken vom Boden abhebt und einen Hohlkreuz bildet, was zu Rückenschmerzen führen kann.

Erweiterte Varianten:

- Beinheben mit gewinkelten Beinen (Bent Leg Raises)

- Beinheben an einer Klimmzugstange (Hanging Leg Raises)

- Beinheben mit Ball oder Gewicht zwischen den Füssen

- Kreuzende Beinheben (Scissor Kicks)

Das Beinheben im Liegen ist eine grossartige Übung für die untere Bauchmuskulatur, aber es erfordert Konzentration auf die Technik und die Aufrechterhaltung der Kernspannung durch die gesamte Übung.

LIEGESTÜTZE

Liegestütze gehören zu den bewährtesten und effektivsten Übungen, wenn es darum geht, Kraft und Muskulatur im Oberkörper aufzubauen. Nicht nur die Brustmuskeln, Trizeps und Schultern werden gestärkt, sondern auch die Rumpfmuskulatur profitiert von dieser Ganzkörperübung.

Hier sind die Schlüsselkomponenten für die korrekte Ausführung von Liegestützen:

• Hände und Armstellung:
  Platzieren Sie Ihre Hände flach auf dem Boden, etwa schulterbreit auseinander. Die Finger sollten nach vorne zeigen oder leicht nach aussen gedreht sein, um die Handgelenke zu entlasten. Die Arme sollten beim Start in vollständig gestreckter Position sein, wobei die Ellenbogen nicht vollständig verriegelt sein sollten.

• Körperhaltung:
  Der gesamte Körper sollte eine gerade Linie bilden, von den Fersen bis zum Kopf. Vermeiden Sie es, Ihr Gesäss zu hoch oder zu tief zu halten, da dies zu einer inkorrekten Belastung führen kann. Die Bauch- und Gesässmuskeln sollten während der gesamten Übung angespannt sein, um den unteren Rücken zu schützen und die Körperstabilität zu erhöhen.

- Abwärtsbewegung:
  Beim Absenken des Körpers sollten die Ellenbogen leicht
  nach hinten zeigen und nah am Körper bleiben, anstatt
  nach aussen zu fliegen. Senken Sie sich ab, bis die Brust
  oder das Kinn fast den Boden berühren.

- Aufwärtsbewegung:
  Drücken Sie sich kraftvoll nach oben, bis Ihre Arme wieder
  fast durchgestreckt sind - achten Sie auch hier darauf, die
  Ellenbogen nicht vollständig zu verriegeln. Die Bewegung
  sollte kontrolliert sein und Ihre Körperhaltung
  gleichbleibend gerade.

Variationen: Sie können Variationen einbauen, um
verschiedene Muskelgruppen zu betonen oder die Intensität
zu steigern. Zu diesen Variationen gehören enge Liegestütze
(für Trizeps), Liegestütze mit erhöhten Beinen, und Explosiv-
Liegestütze, bei denen Sie die Hände vom Boden abheben.

MOUNTAIN CLIMBERS

Mountain Climbers, auch bekannt als Bergsteiger, sind
eine hervorragende Ganzkörperübung mit
Schwerpunkt auf Kardio und Kernmuskulatur. Sie
kombinieren die Vorteile einer Plank-Haltung mit der
Bewegung der Beine, was nicht nur die Rumpfmuskulatur

stärkt, sondern auch die Herzfrequenz erhöht und die Ausdauer verbessert.

So führen Sie Mountain Climbers korrekt aus:

- Startposition:
  Beginnen Sie in der Liegestütz- oder Plank-Position mit den Händen fest auf dem Boden, etwa schulterbreit auseinander. Ihre Arme sind gestreckt, und Ihr Körper bildet eine gerade Linie von den Fersen bis zu Ihrem Kopf.

- Bergsteiger-Bewegung:
  Ziehen Sie das rechte Knie in Richtung Ihrer Brust, ohne dass die Hüften dabei hochkommen. Halten Sie Ihren Rumpf fest und stabil.

- Zurück zur Startposition:
  Kehren Sie schnell zur Startposition zurück, indem Sie das rechte Bein strecken und gleichzeitig ziehen Sie das linke Knie in Richtung Ihrer Brust.

- Wechselseitig wiederholen:
  Fahren Sie fort, die Beine schnell und abwechselnd einzuziehen, ähnlich wie beim auf der Stelle Laufen. Stellen Sie sich vor, Sie klettern einen Berg hinauf, daher der Name Mountain Climbers.

Einige hilfreiche Tipps für die Durchführung von Mountain Climbers:

- Halten Sie Ihren Rücken während der gesamten Übung gerade und vermeiden Sie es, die Hüften anzuheben oder sinken zu lassen. Ihr Körper sollte in einer geraden Linie bleiben.

- Konzentrieren Sie sich darauf, Ihre Bauchmuskeln während der gesamten Bewegung angespannt zu halten, um den Rumpf zu stärken und zu schützen.

- Passen Sie das Tempo an Ihre Fitnessziele an: Ein schnelleres Tempo erhöht die Herzfrequenz für ein intensiveres kardiovaskuläres Training, während ein langsameres Tempo den Fokus mehr auf die Kräftigung der Rumpfmuskulatur legt.

- Um die Schwierigkeit zu erhöhen, können Sie die Füsse auf Gleitpads oder in TRX-Schlingen setzen.

Mountain Climbers sind eine vielseitige Übung, die sich hervorragend in HIIT-Workouts (High Intensity Interval Training) oder Circuit-Trainingsprogramme einfügt und sowohl die aerobe als auch die anaerobe Kondition verbessern kann.

PLANK-TO-PUSH-UP

EFFIZIENTES GANZKÖRPERTRAINING DURCH PRÄZISE AUSFÜHRUNG.

Plank-Ups, auch bekannt als Plank-to-Push-Up, sind eine dynamische Übung, die die Vorteile von Planks und Liegestützen kombiniert. Sie zielen darauf ab, die Stabilität und Stärke der Rumpfmuskulatur zu verbessern und zugleich die Arm-, Brust- und Schultermuskulatur zu beanspruchen. Diese Übung fordert nicht nur die Muskelkraft, sondern auch die Koordination und das Gleichgewicht.

Schritt-für-Schritt-Anleitung zur richtigen Ausführung:

1. Startposition in Plank:
   Beginnen Sie in einer Standard-Plank-Position auf den Unterarmen. Ihre Ellbogen sollten unter Ihren Schultern liegen, mit den Unterarmen flach auf dem Boden. Ihr Körper sollte eine gerade Linie von den Fersen bis zum Kopf bilden.

2. Übergang zum Liegestütz:
   Starten Sie die Bewegung, indem Sie eine Hand auf den Boden drücken und den Arm strecken, gefolgt vom anderen Arm, sodass Sie sich in einer Hoch-Plank- oder Liegestützposition befinden. Ihre Hände sollten jetzt etwa schulterbreit auseinander und direkt unter den Schultern positioniert sein.

3. Rückkehr in die Plank:
   Senken Sie nun einen Ellenbogen nach dem anderen vorsichtig zurück auf den Boden, um in die ursprüngliche Plank-Position auf den Unterarmen zurückzukehren. Halten Sie dabei die Hüften stabil und vermeiden Sie seitliches Wackeln.

4. Wiederholen:
   Wechseln Sie die Führhand bei jedem Satz, um eine gleichmässige Muskelbeanspruchung zu gewährleisten. Das heisst, wenn Sie das erste Mal mit der rechten Hand nach oben gedrückt haben, starten Sie das nächste Mal mit der linken Hand.

5. Rumpfspannung beibehalten:
   Es ist entscheidend, den Rumpf während der gesamten Übung fest anzuspannen, um die Wirbelsäule zu

stabilisieren und ein Durchhängen des Rückens zu verhindern.

6. Wiederholungen und Sets:
   Beginnen Sie mit einer geringen Anzahl von Wiederholungen und erhöhen Sie diese allmählich. Fügen Sie weitere Sets hinzu, um die Intensität zu steigern, nachdem Sie die korrekte Form gemeistert haben.

Tipps für eine korrekte Ausführung der Plank-Ups:

- Vermeiden Sie es, die Hüften während der Übung zu stark zu heben oder sinken zu lassen.

- Konzentrieren Sie sich auf eine stabile und kontrollierte Bewegung, um das Schwanken des Körpers zu minimieren.

- Achten Sie darauf, die Schultern nicht zu hoch zu ziehen, sondern halten Sie sie entspannt und stabil.

Fehler, die es zu vermeiden gilt:

- Schnelle und unkontrollierte Bewegungen, die zu Muskel- oder Gelenkverletzungen führen können.

- Ungleichmässige Gewichtsverteilung und unkontrolliertes Schwingen der Hüften reduzieren die Effektivität der Übung und können den unteren Rücken belasten.

- Vernachlässigung der Spannung im unteren Rumpfbereich, was die Effizienz der Core-Muskulatur untergräbt.

Plank-Ups sind eine hervorragende Ergänzung für Ihr Core-Training, da sie nicht nur die Bauchmuskulatur, sondern auch die Arme und Schultern stärken. Mit fortlaufender Praxis und Fokussierung auf die korrekte Technik können Sie Ihre Gesamtkörperkraft und -stabilität effektiv erhöhen und zugleich Ihre Workouts vielseitiger gestalten.

REVERSE LUNGES

Rückwärts-Ausfallschritte, auch Reverse Lunges genannt, sind eine beliebte Beinübung, die eine Vielzahl von Muskelgruppen trainiert, einschliesslich der Quadrizeps, Gluteal- und Hüftbeugemuskulatur sowie der stabilisierenden Muskeln des Unterkörpers. Diese Variante der klassischen Ausfallschritte kann das Gleichgewicht verbessern und ist im Vergleich zu Vorwärts-Ausfallschritten oft schonender für die Knie. Um alle Vorteile dieser Übung zu nutzen und das Verletzungsrisiko zu minimieren, ist es entscheidend, die richtige Technik zu beherrschen.

Hier ist eine detaillierte Anleitung zur korrekten Ausführung von Rückwärts-Ausfallschritten:

1. Startposition:
   Stehen Sie aufrecht mit den Füssen hüftbreit auseinander. Halten Sie Ihren Oberkörper gerade und blicken Sie nach vorne. Engagieren Sie Ihre Bauchmuskeln, um den Rumpf zu stabilisieren.

2. Bewegungsausführung:
   Wählen Sie ein Bein aus, um zu starten. Machen Sie einen kontrollierten Schritt nach hinten mit dem gewählten Bein, während Sie den Oberkörper gerade halten und das Gleichgewicht bewahren. Der Abstand nach hinten sollte

gross genug sein, um eine korrekte Ausrichtung des vorderen Knies zu ermöglichen, welches im rechten Winkel gebeugt werden sollte und dabei nicht über die Fussspitzen hinausragen darf.

3. Absenkphase:
Senken Sie das hintere Knie langsam und kontrolliert in Richtung Boden, bis es fast den Boden berührt. Das hintere Knie sollte eine Linie direkt unterhalb Ihrer Hüfte bilden, während sich Ihr vorderes Knie direkt über Ihrem vorderen Fussgelenk befindet.

4. Kehren Sie zur Ausgangsposition zurück:
Drücken Sie das vordere Bein mit Kraft ab, um in die aufrechte Ausgangsposition zurückzukehren. Stellen Sie sicher, dass Sie während der gesamten Bewegung die Stabilität des Oberkörpers bewahren.

5. Wiederholung:
Führen Sie die gewünschte Anzahl von Wiederholungen durch, bevor Sie das Bein wechseln und die gleiche Anzahl von Rückwärts-Ausfallschritten mit dem anderen Bein absolvieren.

Tipps für eine korrekte Ausführung der Rückwärts-Ausfallschritte:

- Halten Sie die Brust angehoben, die Schultern zurück und den Blick geradeaus, um eine aufrechte Haltung zu bewahren.

- Vermeiden Sie es, während der Bewegung nach vorne oder zur Seite zu schwingen; Ihre Hüften sollten immer nach vorne gerichtet sein.

- Verlagern Sie Ihr Gewicht auf das hintere Bein, während Sie in die Ausfallschritt-Position gehen, und stellen Sie sicher, dass das vordere Bein einen Grossteil der Arbeit leistet, um in die Ausgangsposition zurückzukehren.

- Bewegen Sie sich kontrolliert und achten Sie darauf, dass das hintere Knie nicht auf den Boden knallt.

Häufige Fehler, die es zu vermeiden gilt:

- Zu kleiner Schritt nach hinten, was zu einer ungünstigen Knieposition und zu einem erhöhten Druck auf das vordere Knie führen kann.

- Überstrecken des Rückens, was zu Verspannungen oder Schmerzen im unteren Rücken führen kann.

- Übermässiges Nach-Vorne-Beugen des Oberkörpers, was die Belastung auf Knie und Rücken erhöhen kann.

Rückwärts-Ausfallschritte sind eine hervorragende Übung, um Beinkraft und Koordination zu verbessern, ohne dabei übermässigen Stress auf die Kniegelenke auszuüben. Sie können in ein Kraft- oder Ausdauertraining eingebaut werden und sind eine effektive Methode, um Muskelkraft und Gleichgewicht zu verbessern. Mit der Beachtung der richtigen Technik können Sie das Verletzungsrisiko minimieren und die Vorteile der Rückwärts-Ausfallschritte voll ausschöpfen.

RUSSISCHE TWISTS

Russian Twists sind eine populäre Übung zur Stärkung der Bauchmuskeln, insbesondere der schrägen Bauchmuskeln. Sie helfen dabei, den Core zu stärken und die Rumpfstabilität zu verbessern. Russian Twists können mit oder ohne Gewicht durchgeführt werden und lassen sich gut in Core-Trainings oder Circuit-Workouts integrieren.

So führst du Russian Twists korrekt aus:

1. Startposition:
   Setze dich mit angewinkelten Beinen und flachen Füssen auf den Boden. Lehn deinen Oberkörper leicht nach hinten, sodass ein Winkel von etwa 45 Grad zwischen Oberschenkel und Oberkörper entsteht. Achte darauf, dass dein Rücken gerade ist.

2. Arme positionieren:
   Verschränke deine Hände vor deinem Körper oder halte ein Gewicht (wie eine Hantel oder einen Medizinball), falls du eine intensivere Variante ausführen möchtest.

3. Die Drehung:
   Beginne nun, deinen Oberkörper zusammen mit deinen Armen oder dem Gewicht sanft von einer Seite zur anderen zu drehen, ohne die Position deiner Beine zu verändern. Halte dabei deinen Rücken gerade und deinen Core angespannt.

4. Fortführung der Übung:
   Wiederhole die Drehbewegungen für die gewünschte Anzahl an Wiederholungen oder Zeit.

Ein paar Tipps für eine effektive Durchführung von Russian Twists:

- Stelle sicher, dass du die Bewegung von deinem Rumpf aus durchführst und nicht nur mit deinen Armen schwingst.

- Die Herausforderung und Intensität der Übung kannst du erhöhen, indem du deine Füsse vom Boden hebst.

- Vermeide es, deinen unteren Rücken zu stark zu krümmen, um Rückenschmerzen vorzubeugen.

- Fang langsam an, insbesondere wenn du ein Gewicht verwendest, und steigere allmählich, um eine Überlastung der Rumpfmuskulatur zu vermeiden.

- Um eine gute Balance und Form zu gewährleisten, solltest du den Blick deinen Händen oder dem Gewicht folgen lassen, während du dich drehst.

Russian Twists sind eine effektive Übung, die nicht nur die Bauchmuskeln, sondern auch die allgemeine Koordination und das Gleichgewicht verbessert.

SCHULTER-TAPS IN PLANK-POSITION

STÄRKUNG DES RUMPFS

Die Schulter-Taps in Plank-Position sind eine effektive Übung zur Förderung der Rumpfstabilität, der Schulterkraft und der allgemeinen Körperkontrolle. Die korrekte Ausführung ist entscheidend, um maximale Vorteile zu erzielen und Verletzungen zu vermeiden.

Vorteile von Schulter-Taps in Plank-Position:

- Stärkung der Bauch- und Rumpfmuskulatur

- Verbesserung der Schulterstabilität und -kraft

- Förderung der Balance und Körperkoordination

- Verbesserung der Körperhaltung

Anleitung zur korrekten Ausführung der Schulter-Taps in Plank-Position:

1. Ausgangsposition:

  - Beginnen Sie in einer hohen Plank-Position. Die Hände sollten direkt unter den Schultern positioniert sein, die Arme gestreckt und die Füsse schulterbreit auseinander stehen.

  - Ihr Körper bildet eine gerade Linie von Kopf bis Fuss. Halten Sie die Bauchmuskeln fest angespannt und den Rücken in einer neutralen Position.

  - Der Blick sollte nach unten gerichtet sein, um die Nackenposition neutral zu halten.

2. Bewegungsausführung:

  - Heben Sie eine Hand vom Boden ab und berühren Sie mit der Hand die gegenüberliegende Schulter. Halten Sie dabei den Rumpf stabil und vermeiden Sie ein Abkippen der Hüften.

  - Führen Sie die Hand kontrolliert wieder zurück in die Ausgangsposition und platzieren Sie sie direkt unter der Schulter, bevor Sie die andere Hand heben.

  - Wiederholen Sie den Vorgang mit der anderen Hand und berühren Sie die gegenüberliegende Schulter.

3. Rückkehr zur Ausgangsposition:

- Stellen Sie sicher, dass die Hüften und Schultern während der gesamten Übung stabil bleiben und gerade ausgerichtet sind. Vermeiden Sie übermässige Rotationen oder Seitwärtsbewegungen.

4. Fortsetzung der Übung:

- Wiederholen Sie den Ablauf in gleichmässigen und kontrollierten Bewegungen für die gewünschte Anzahl an Wiederholungen.

Wichtige Aspekte der korrekten Ausführung:

- Rumpfstabilität: Halten Sie Ihre Bauchmuskeln während der gesamten Übung fest angespannt, um die Wirbelsäule zu schützen und zu stabilisieren.

- Körperausrichtung: Achten Sie darauf, dass Ihr Körper eine gerade Linie bildet und nicht durchhängt oder die Hüften abkippen.

- Handposition: Platzieren Sie die Hände direkt unter den Schultern, um eine optimale Stabilität zu gewährleisten.

- Kontrollierte Bewegungen: Führen Sie die Bewegungen langsam und kontrolliert aus, um die Muskelbeanspruchung zu maximieren und Verletzungen zu vermeiden.

Trainingstipps:

- Wiederholungen und Sätze: Beginnen Sie mit 2-3 Sätzen à 10-15 Wiederholungen pro Seite. Steigern Sie die Anzahl der Wiederholungen und Sätze je nach Fortschritt.

- Variation: Um die Übung anspruchsvoller zu gestalten, können Sie die Füsse enger zusammenstellen oder ein

Widerstandsband um Ihre Handgelenke legen. Dies erhöht die Rumpfaktivierung und erschwert die Stabilisierung.

- Fortgeschrittene Varianten: Für fortgeschrittene Athleten können zusätzliche Bewegungen, wie Beinheben oder das Halten eines Gewichts, integriert werden.

Häufige Fehler und wie man sie vermeidet:

- Abkippen der Hüften: Achten Sie darauf, dass die Hüften während der gesamten Übung stabil bleiben und nicht kippen. Eine breitere Fussstellung kann anfangs helfen, mehr Stabilität zu bieten.

- Eingesunkene Hüften: Halten Sie die Bauchmuskeln fest angespannt, um ein Durchhängen der Hüften zu vermeiden. Ihr Körper sollte eine gerade Linie von Kopf bis Fuss bilden.

- Schwung benutzen: Vermeiden Sie, Schwung zu holen. Führen Sie die Übung langsam und kontrolliert aus, um die Rumpfmuskulatur effektiv zu beanspruchen.

- Fehlende Handposition: Achten Sie darauf, dass die Hände immer direkt unter den Schultern positioniert sind, um eine optimale Stabilität zu gewährleisten.

Fazit: Die Schulter-Taps in Plank-Position sind eine effektive Übung zur Stärkung der Rumpf- und Schulterstabilität sowie zur Verbesserung der Körperhaltung und Gesamtbalance. Durch die richtige Ausführung dieser Übung können Sie Ihre Bauchmuskeln kräftigen, die Schulterkraft verbessern und Ihre Rumpfstabilität optimieren. Integrieren Sie Schulter-Taps regelmässig in Ihr Trainingsprogramm, um von den zahlreichen Vorteilen zu profitieren und Ihre Fitnessziele zu erreichen. Achten Sie dabei stets auf die korrekte Technik und führen Sie die Bewegungen kontrolliert und präzise aus, um den besten Trainingseffekt zu erzielen und Verletzungen zu vermeiden.

SEITLICHE CRUNCHES

STÄRKUNG UND DEFINITION DER SEITLICHEN BAUCHMUSKULATUR

Oblique Crunches sind eine zielgerichtete Übung zur Stärkung der schrägen Bauchmuskeln (Obliques), welche für die Drehung und seitliche Flexion des Rumpfes verantwortlich sind. Diese Crunch-Variante ist ideal, um die seitlichen Bauchmuskeln zu straffen und die gesamte Rumpfmuskulatur zu stabilisieren. In diesem Artikel erklären wir die korrekte Ausführung von Oblique Crunches und stellen verschiedene Variationen vor, um das Training intensiver und abwechslungsreicher zu gestalten.

Die richtige Ausführung:

1. Ausgangsposition:

- **Liegen:** Legen Sie sich auf den Rücken, die Knie sind angewinkelt und die Füße flach auf den Boden gestellt.

- **Drehen:** Legen Sie das rechte Knie über das linke, sodass das rechte Bein auf dem linken ruht.

- **Handposition:** Platzieren Sie die linke Hand hinter dem Kopf, um den Nacken zu stützen, während der rechte Arm flach neben dem Körper liegt.

2. Bewegung:

- **Anheben und Drehung:** Heben Sie Kopf und Schultern leicht vom Boden ab und drehen Sie den Oberkörper nach rechts, um den linken Ellbogen in Richtung des rechten Knies zu ziehen.

- **Haltung:** Achten Sie darauf, dass der untere Rücken stets Kontakt mit dem Boden behält und vermeiden Sie es, mit den Händen am Kopf zu ziehen.

3. Rückkehr:

- **Senkung:** Senken Sie Kopf und Schultern kontrolliert wieder ab, ohne den Boden zu berühren.

- **Wiederholung:** Wiederholen Sie die Übung für die gewünschte Anzahl an Wiederholungen auf dieser Seite.

4. Seitenwechsel:

- **Wechseln:** Nach Abschluss der Wiederholungen wechseln Sie die Seite, indem Sie das linke Knie über das rechte legen und die rechte Hand hinter den Kopf platzieren. Wiederholen Sie die Bewegung, diesmal den rechten Ellbogen zum linken Knie ziehend.

Häufige Fehler und Korrekturen

- **Ziehen am Nacken:** Nutzen Sie die Bauchmuskeln für die Drehbewegung und nicht die Hände, um am Kopf zu ziehen. Der Kopf sollte leicht angehoben werden, ohne Druck.

- **Unkontrollierte Ausführung:** Führen Sie die Bewegung langsam und kontrolliert aus, um die Muskulatur effektiv zu trainieren und Verletzungen zu vermeiden.

- **Körperhaltung:** Halten Sie den unteren Rücken während der gesamten Übung auf dem Boden, um die richtige Spannung in den Bauchmuskeln zu gewährleisten.

Um das Training intensiver und abwechslungsreicher zu gestalten, können folgende Variationen integriert werden:

1. Stehende Oblique Crunches:

   - **Ausführung:** Stehen Sie aufrecht, die Hände hinter dem Kopf und die Füße schulterbreit auseinander. Heben Sie das linke Knie an und ziehen Sie gleichzeitig den rechten Ellbogen zum Knie, indem Sie den Oberkörper drehen.

   - **Schwierigkeit:** Diese Variation kombiniert Balance und Rumpfstabilität und kann in einem Cardio-Training integriert werden.

2. Seitliche V-Ups:

   - **Ausführung:** Legen Sie sich auf die rechte Seite, stützen Sie sich mit dem rechten Arm ab. Heben Sie gleichzeitig den Oberkörper und die Beine an, sodass Ihr Körper eine "V"-Form bildet.

   - **Schwierigkeit:** Diese Variante ist herausfordernder und trainiert umfassend die seitlichen Bauchmuskeln.

3. Oblique Crunches auf dem Gymnastikball:

   - **Ausführung:** Legen Sie sich seitlich auf einen Gymnastikball, die Füße sind fest auf dem Boden. Platzieren Sie die Hände hinter den Kopf und führen Sie die Crunches durch, indem Sie den Oberkörper zur Seite drehen.

- **Schwierigkeit:** Erhöht die Instabilität und erfordert größere Kontrolle und Balance.

4. Kompakte Rotational Crunches:

   - **Ausführung:** Heben Sie beide Beine im rechten Winkel an, sodass die Waden parallel zum Boden sind. Führen Sie die Drehbewegung wie gewohnt durch und ziehen Sie den Ellbogen zum gegenüberliegenden Knie.

   - **Schwierigkeit:** Erhöht die Intensität und arbeitet zusätzlich an der unteren Bauchmuskulatur.

5. Russian Twists:

   - **Ausführung:** Setzen Sie sich auf den Boden, die Knie leicht angewinkelt. Lehnen Sie sich leicht zurück und halten Sie die Hände vor der Brust. Drehen Sie den Oberkörper abwechselnd zur linken und rechten Seite.

   - **Schwierigkeit:** Kann mit einem Medizinball oder einer Hantel ausgeführt werden, um die Intensität zu steigern.

Tipps für eine sichere und effektive Ausführung

- **Rumpfspannung:** Konzentrieren Sie sich darauf, die Spannung in den Bauchmuskeln während der gesamten Übung aufrechtzuerhalten. Vermeiden Sie eine Hohlkreuzhaltung.

Fazit: Oblique Crunches sind eine äußerst effektive Übung zur Stärkung und Definition der seitlichen Bauchmuskulatur. Mit der richtigen Technik und durch verschiedene Variationen können Sie Ihr Training intensivieren und abwechslungsreicher gestalten. Achten Sie immer auf eine saubere Ausführung, um das Verletzungsrisiko zu minimieren und das Beste aus Ihrem Training herauszuholen. Durch regelmäßiges Einbeziehen von Oblique Crunches in Ihr

Fitnessprogramm werden Sie schnell Fortschritte sehen und Ihre allgemeine körperliche Verfassung und Rumpfkraft erheblich verbessern.

SEITLICHE PLANK

Die seitliche Plank (engl: side plank) ist eine effektive Körpergewichtsübung, die sich auf die Stärkung der Rumpf- und Seitenbauchmuskulatur (Oblique-Muskeln) konzentriert. Ausserdem werden durch diese Übung der unteren Rücken sowie die Hüft- und Schultermuskulatur gestärkt. Sie ist eine Variation der traditionellen Plank-Übung und ist bekannt für ihre Effektivität bei der Verbesserung von Balance und Stabilität.

Ausführung:

1. Beginnen Sie die seitliche Plank auf der Seite liegend

2. Legen Sie sich auf die Seite, mit gestreckten Beinen übereinander.

3. Stützen Sie sich auf Ihrer Hand ab, wobei Ihr Arm gestreckt ist und die Handfläche direkt unter der Schulter auf dem Boden liegt.

4. Auch hier sollte der Körper eine gerade Linie von den Füssen bis zum Kopf bilden.

5. Heben Sie Ihre Hüften vom Boden ab, indem Sie die Spannung im Rumpf erhöhen, bis Ihr Körper eine gerade Linie bildet.

6. Halten Sie die Hüfte angehoben und vermeiden Sie, dass Ihr Körper nach vorne oder hinten kippt.

7. Spannen Sie Ihren Bauch an und achten Sie darauf, dass Ihre Schulter stabil bleibt.

8. Eine Hand kann auf der Hüfte platziert oder in die Luft gestreckt werden, um die Balance zu erhöhen.

9. Halten Sie diese Position für die vorgegebene Zeit, je nach Ihrem Fitnesslevel und Trainingsplan.

10. Wiederholen Sie die Übung auf der anderen Seite.

Häufige Fehler und Korrekturen:

- Sinkende Hüften:
  Achten Sie darauf, Ihre Hüfte zu heben, sodass Ihr Körper eine gerade Linie bildet.

- Nachlassende Spannung:
  Halten Sie Ihren Rumpf während der gesamten Übung fest.

- Falsche Kopfhaltung:
  Blicken Sie geradeaus, damit Ihr Nacken eine Verlängerung Ihrer Wirbelsäule ist.

- Schulterposition:
  Vermeiden Sie es, die Schulter zu hoch zu ziehen oder sie einsinken zu lassen. Sie sollte direkt über dem Ellenbogen (bei der Unterarm-Variante) oder der Hand (bei der Hand-Variante) sein.

Variationen:

- Heben des oberen Beines

- Rotieren des Rumpfes

- Durchführen von Hüftlifts hinzufügen

Die seitliche Plank ist eine wirksame Übung zur Stärkung der Kernmuskulatur und zur Verbesserung der Körperstabilität.

SEITLICHE PLANK MIT ABDUKTION

FÜR STABILITÄT, KRAFT UND BALANCE

Die Side Plank with Leg Lifts (seitliche Planke mit Beinheben) ist eine anspruchsvolle Übung, die die seitlichen Bauchmuskeln (Obliques), die Hüften und die Beinmuskulatur stärkt. Diese Übung fördert nicht nur die Rumpfstabilität, sondern verbessert auch das Gleichgewicht und die Koordination. Sie eignet sich ideal als Bestandteil eines Core-Workouts und bietet eine vielseitige Möglichkeit, die Muskulatur des gesamten Körpers zu kräftigen und zu straffen.

Schritt-für-Schritt-Anleitung für Side Plank with Leg Lifts:

1. Ausgangsposition:

   - Legen Sie sich auf eine Seite, beispielsweise die rechte Seite, und stützen Sie sich auf den rechten Unterarm. Ihr Ellbogen sollte direkt unter Ihrer Schulter positioniert sein.

- Die Beine sind gestreckt und übereinandergelegt, wobei die Füße gestapelt sind. Ihr Körper bildet eine gerade Linie von Kopf bis Fuß.

2. Core aktivieren:

- Spannen Sie Ihre Bauchmuskeln an, um Ihren Rumpf zu stabilisieren. Heben Sie gleichzeitig Ihre Hüften vom Boden ab, sodass Ihr Körper in einer geraden Linie bleibt.

- Ihr Gewicht ruht auf Ihrem rechten Unterarm und dem äußeren Rand Ihres rechten Fußes.

3. Oberes Bein heben:

- Heben Sie nun das obere Bein (das linke Bein) langsam und kontrolliert nach oben. Achten Sie darauf, dass Ihr Bein gestreckt und Ihr Fuß in einer neutralen Position bleibt.

- Vermeiden Sie es, Ihre Hüfte oder Ihren Oberkörper zu kippen. Ihr Becken sollte während der gesamten Bewegung stabil und parallel zum Boden bleiben.

4. Halteposition und Absenken:

- Halten Sie das Bein in der oberen Position für einen kurzen Moment, um die Muskelkontraktion zu intensivieren.

- Senken Sie das Bein langsam und kontrolliert wieder ab, bis es wieder in der neutralen Ausgangsposition ist, ohne den Boden zu berühren.

5. Wiederholungen und Sets:

- Führen Sie je nach Fitnesslevel 10-15 Wiederholungen auf einer Seite durch. Wechseln Sie dann die Seite und wiederholen Sie die Übung auf der anderen Seite.

- Ziel sind 3 Sätze pro Seite, um eine gleichmäßige Muskelbelastung zu gewährleisten.

Tipps für die korrekte Ausführung:

- **Körperspannung:** Halten Sie den Core während der gesamten Übung angespannt, um eine stabile Haltung und eine korrekte Ausführung zu gewährleisten.

- **Kontrollierte Bewegungen:** Führen Sie die Bewegungen langsam und kontrolliert durch, um die Muskelaktivierung zu maximieren und Verletzungen zu vermeiden.

- **Schulterposition:** Vermeiden Sie es, die Schulter des gestützten Arms anzuheben oder zu verspannen. Halten Sie die Schultern weg von den Ohren und entspannt.

Häufige Fehler vermeiden:

- **Durchhängen der Hüfte:** Eine häufige Fehlerquelle ist das Durchhängen der Hüfte. Halten Sie Ihre Hüften stets angehoben und in einer geraden Linie, um die Rumpfmuskulatur optimal zu beanspruchen.

- **Kippen des Körpers:** Vermeiden Sie es, den Oberkörper oder die Hüfte während des Hebens des Beins zu kippen. Ihr Körper sollte stabil und parallel zum Boden bleiben.

- **Überstreckung des Halses:** Achten Sie darauf, dass Ihr Kopf in einer neutralen Position bleibt und die Halswirbelsäule nicht überstreckt wird. Ihr Blick sollte geradeaus oder leicht nach unten gerichtet sein.

- **Unkontrollierte Beinbewegung:** Vermeiden Sie es, das Bein schnell und ruckartig zu bewegen. Langsame und kontrollierte Bewegungen sind entscheidend, um die Muskulatur effektiv zu trainieren und die Gelenke zu schonen.

Variationen der Side Plank with Leg Lifts:

- **Auf dem Handgelenk:** Führen Sie die Übung anstelle des Unterarms auf Ihrer Hand aus, um die Schwierigkeit zu erhöhen und zusätzlich die Stabilität der Schulter zu trainieren.

- **Mit Gewicht:** Halten Sie eine leichte Hantel oder ein Gewicht am oberen Bein, um die Intensität der Übung zu erhöhen und die Muskeln zusätzlich zu fordern.

- **Dynamische Planke:** Kombinieren Sie die Side Plank with Leg Lifts mit einer dynamischen Planke, indem Sie sich zwischen jeder Wiederholung für einige Sekunden in eine normale seitliche Plankenposition zurückbegeben.

Trainingseinheiten:

- **Zirkeltraining:** Integrieren Sie Side Plank with Leg Lifts in Ihre Zirkeltrainingsroutine, indem Sie sie mit anderen Core-Übungen wie Bicycle Crunches, Russian Twists und Leg Raises kombinieren.

- **Supersätze:** Kombinieren Sie Side Plank with Leg Lifts mit anderen Oberkörper- oder Rumpf-Übungen wie Push-ups, Renegade Rows oder Plank Walkouts für ein intensives Ganzkörpertraining.

Fazit: Die Side Plank with Leg Lifts ist eine fortgeschrittene Übung, die Ihr Core-Training auf ein neues Niveau hebt, indem sie zusätzlich die Balance und Stabilität herausfordert. Durch die regelmäßige Integration dieser Übung in Ihr Trainingsprogramm können Sie die Kraft und Stabilität Ihrer seitlichen Bauchmuskulatur, Ihrer Hüften und Ihrer Beine deutlich verbessern. Achten Sie stets auf eine korrekte Ausführung, um maximale Ergebnisse zu erzielen und

Verletzungen zu vermeiden. Egal, ob Sie Anfänger oder fortgeschrittener Sportler sind, die Side Plank with Leg Lifts bieten eine wertvolle Ergänzung zu Ihrem Fitnessprogramm und helfen Ihnen, Ihre körperlichen Ziele zu erreichen.

SPIDERMAN-PLANK

ZUR STÄRKUNG IHRES GESAMTEN CORES

Die Spiderman Plank ist eine dynamische Core-Übung, die darauf abzielt, die Stabilität, Flexibilität und Kraft der Rumpfmuskulatur zu verbessern. Sie ist benannt nach der Ähnlichkeit der Bewegung zum Klettern an Wänden, wie es die Comicfigur Spiderman tut. Diese Plank-Variante geht über die Standardplank hinaus, indem sie auch die obliquent Muskeln, Hüften und den gesamten Bereich der Rumpfseiten aktiviert. Eine korrekte Ausführung ist entscheidend für die Sicherheit und Effektivität der Übung.

Hier erfahren Sie, wie Sie die Spiderman Plank richtig ausführen.

Grundposition:

1. Beginnen Sie in der traditionellen Plank-Position. Hände sind fest auf dem Boden platziert, Schultern direkt über den Handgelenken.

2. Spannen Sie Ihre Bauchmuskeln an und bilden Sie eine gerade Linie von den Fersen bis zum Kopf, ohne dass Ihr Rücken durchhängt oder Ihr Gesäss in die Höhe ragt.

3. Halten Sie Ihre Füsse zusammen oder leicht auseinander, je nachdem, was für Sie bequemer ist.

Ausführung der Spiderman Plank:

1. Aus der Plank-Position, bringen Sie das rechte Knie seitwärts in Richtung Ihres rechten Ellbogens. Die Bewegung sollte kontrolliert sein, während Sie Ihren Rumpf stabil halten.

2. Versuchen Sie, das Knie so nah wie möglich an den Ellbogen zu bringen, ohne Ihre Haltung zu verlieren.

3. Kehren Sie langsam zurück in die Ausgangsposition.

4. Wechseln Sie nun die Seiten und bringen Sie das linke Knie zum linken Ellbogen.

5. Fahren Sie mit dieser Wechselbewegung fort, während Sie darauf achten, die Plank-Position während des gesamten Übungsverlaufs beizubehalten.

Wichtige Tipps zur Technik:

- Bewahren Sie eine neutrale Wirbelsäulenposition, indem Sie den Blick nach unten zum Boden richten und Nacken und Rücken in einer Linie halten.

- Verhindern Sie das Absinken der Hüften, um die untere Wirbelsäule zu schützen und gleichzeitig das volle Potenzial für die Kernmuskulatur zu nutzen.

- Halten Sie Ihre Schultern stabil und vermeiden Sie es, diese während der Bewegung zu drehen oder zu schaukeln.

- Vermeiden Sie es, Ihre Hüften bei der Kniebewegung anzuheben, um die Intensität für die schrägen Muskeln zu erhöhen.

Häufige Fehler:

- Zu schnelles Tempo: Eine kontrollierte Bewegung sorgt für eine zielgerichtete Muskelkontraktion und verhindert den Verlust der Form.

- Oberkörperbewegung: Der Oberkörper sollte ruhig und stabil sein, um die Wirksamkeit der Übung zu maximieren.

Die Spiderman Plank ist eine funktionelle Übung, die zur Verbesserung des Core und der gesamten Rumpfstabilität beiträgt. Indem Sie diese Plank-Variante regelmässig ausüben, können Sie die Koordination verbessern und die Muskelgruppen stärken, die für tägliche Bewegungen und sportliche Leistungen wichtig sind. Achten Sie immer darauf, die Technik mit Präzision durchzuführen, um das volle Potenzial der Übung auszuschöpfen und das Risiko von Verletzungen zu minimieren.

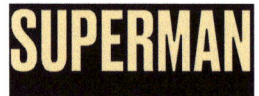

TECHNIK UND VORTEILE ZUR STÄRKUNG DES RÜCKENS.

Die Superman-Übung ist eine hervorragende Übung zur Stärkung der Rücken-, Schulter- und Gesässmuskulatur. Darüber hinaus hilft sie, die Körperhaltung zu verbessern und Rückenschmerzen vorzubeugen. Diese Übung, die Ihren Namen von der fliegenden Position der gleichnamigen Comicfigur hat, ist einfach auszuführen und benötigt keine speziellen Geräte.

Vorteile:

- Stärkung der Rückenstrecker und Gesässmuskulatur

- Verbesserung der Rumpfstabilität

- Unterstützt eine gute Körperhaltung

- Vorbeugung gegen Rückenbeschwerden

- Förderung der Beweglichkeit der Wirbelsäule

Anleitung zur korrekten Ausführung der Superman-Übung:

1. Ausgangsposition:

   - Legen Sie sich mit dem Bauch auf eine Gymnastikmatte oder eine andere bequeme Oberfläche.

   - Strecken Sie Ihre Arme nach vorne aus, sodass sie eng neben dem Kopf auf der Matte liegen.

   - Ihre Beine sollten gestreckt und parallel zueinander ausgerichtet sein.

   - Spannen Sie Ihren Rumpf an und halten Sie den Kopf in einer neutralen Position, sodass Sie nach unten auf die Matte schauen.

2. Bewegungsausführung:

   - Heben Sie gleichzeitig Ihre Arme, den Oberkörper und die Beine vom Boden ab. Verwenden Sie die Muskulatur Ihrer Rückenmuskeln, Gesässmuskeln und der hinteren Oberschenkel.

   - Halten Sie Ihre Arme und Beine gestreckt und halten Sie diese Position für ein paar Sekunden (ca. 1-3 Sekunden), während Sie die Spannung in Ihren Muskeln beibehalten. Ihr Körper sollte eine leicht gebogene Form annehmen, ähnlich wie ein „U".

   - Achten Sie darauf, die Bewegung kontrolliert und gleichmässig auszuführen, ohne zu viel Schwung zu verwenden.

3. Rückkehr zur Ausgangsposition:

   - Senken Sie langsam und kontrolliert Arme, Oberkörper und Beine zurück auf den Boden.

- Lassen Sie Ihren Kopf in einer neutralen Position und vermeiden Sie ein plötzliches Absenken oder ein Durchhängen des Rückens.

4. Fortsetzung der Übung:

- Wiederholen Sie den Ablauf in gleichmässigen und kontrollierten Bewegungen für die gewünschte Anzahl an Wiederholungen.

Wichtige Aspekte der korrekten Ausführung:

- Rumpfstabilität: Achten Sie darauf, dass Ihr Rumpf während der gesamten Übung fest angespannt bleibt, um die Wirbelsäule zu stabilisieren.

- Kopf- und Nackenhaltung: Halten Sie Ihren Kopf in einer neutralen Position und vermeiden Sie es, den Nacken zu überstrecken oder das Kinn auf die Brust zu ziehen.

- Kontrollierte Bewegungen: Führen Sie die Bewegungen langsam und kontrolliert aus, um die Muskulatur optimal zu beanspruchen und Verletzungen vorzubeugen.

Trainingstipps:

- Wiederholungen und Sätze: Beginnen Sie mit 2-3 Sätzen à 10-15 Wiederholungen. Mit zunehmender Kraft und Stabilität können Sie die Anzahl der Wiederholungen und Sätze erhöhen.

- Variation: Um die Übung schwieriger zu gestalten, können Sie kleine Gewichte oder Widerstandsbänder verwenden oder die Haltezeit in der gestreckten Position verlängern.

- Ergänzende Übungen: Ergänzen Sie die Superman-Übung durch andere Rücken- und Rumpfübungen wie Planks, Brücken oder Rows, um eine ausgewogene Kräftigung des gesamten Rumpfbereichs zu gewährleisten.

Häufige Fehler und wie man sie vermeidet:

- Überstreckung des Rückens: Achten Sie darauf, Ihren Rücken nicht zu stark zu überstrecken, um die Lendenwirbelsäule nicht zu belasten.

- Fehlende Rumpfspannung: Halten Sie die Spannung in Ihrem Rumpf während der gesamten Übung aufrecht, um die Wirbelsäule zu schützen und die Effektivität der Übung zu erhöhen.

- Unkontrollierte Bewegungen: Vermeiden Sie ruckartige oder zu schnelle Bewegungen. Langsame und kontrollierte Bewegungen sind effektiver und sicherer.

- Kopfhaltung: Vermeiden Sie eine übermässige Nackenstreckung oder Kinnbeugung. Der Kopf sollte in einer neutralen Position bleiben.

Fazit: Die Superman-Übung ist eine effektive und einfache Übung zur Kräftigung der Rückenmuskulatur, zur Verbesserung der Rumpfstabilität und zur Förderung einer guten Körperhaltung. Durch die richtige Ausführung dieser Übung können Sie Rückenbeschwerden vorbeugen, Ihre Muskelbalance verbessern und Ihre allgemeine Fitness steigern. Integrieren Sie die Superman-Übung regelmässig in Ihr Trainingsprogramm, um von den zahlreichen Vorteilen zu profitieren. Achten Sie dabei stets auf die korrekte Technik und führen Sie die Bewegungen kontrolliert und präzise aus, um den besten Trainingseffekt zu erzielen.

UNTERARM-PLANK

D ie Plank, auch bekannt als Unterarmstütz, ist eine effektive isometrische Übung, die darauf abzielt, die Kernmuskulatur zu stärken. Sie ist eine der einfachsten und doch herausforderndsten Übungen, die in fast jedes Fitnessprogramm integriert werden kann. Durch die Stärkung der Bauchmuskeln, des unteren Rückens und der Schultern verbessert die Plank nicht nur die Körperhaltung, sondern unterstützt auch die funktionelle Kraft, die für alltägliche Aktivitäten und andere sportliche Bewegungen benötigt wird. Um diese Vorteile zu nutzen, ist es wichtig, die Plank korrekt auszuführen.

So wird eine Plank richtig ausgeführt:

1. Startposition:
   Beginnen Sie auf allen vieren und positionieren Sie Ihre Ellbogen direkt unter Ihren Schultern. Die Unterarme liegen flach auf dem Boden, und die Hände können entweder zu Fäusten geballt, flach auf den Boden gedrückt oder ineinander verschränkt werden – wählen Sie die Position, die für Sie am bequemsten ist.

2. Körperausrichtung:
   Schieben Sie Ihre Beine nach hinten und heben Sie Ihre Hüften, so dass Ihr Körper eine gerade Linie von den

Schultern bis zu den Fersen bildet. Vermeiden Sie das Durchhängen des unteren Rückens oder das Hochdrücken des Gesässes, da beides die Effektivität der Übung reduziert und zu Verletzungen führen kann.

3. Körperspannung:
   Aktivieren Sie Ihre gesamte Rumpfmuskulatur, indem Sie Ihre Bauchmuskeln anspannen, als würden Sie sich darauf vorbereiten, einen Schlag in den Magen zu erhalten. Halten Sie auch Ihr Gesäss und Ihre Oberschenkelmuskulatur fest. Die Spannung in der Kernmuskulatur hilft dabei, das Becken zu stabilisieren und den unteren Rücken zu schützen.

4. Blickrichtung und Nackenposition:
   Halten Sie Ihren Nacken in einer neutralen Position, indem Sie den Blick nach unten richten und somit eine Verlängerung Ihrer Wirbelsäule erzeugen. Vermeiden Sie es, den Kopf zu heben oder sinken zu lassen, um Verspannungen im Nacken zu verhindern.

5. Dauer:
   Halten Sie die Position für die vorgegebene Zeit, typischerweise zwischen 20 Sekunden und mehreren Minuten, abhängig von Ihrem Fitnesslevel. Achten Sie vor allem darauf, die korrekte Form über die gesamte Dauer beizubehalten, anstatt die Zeit zu verlängern, auf Kosten der Technik.

6. Variationen:
   Knie-Plank, bei der die Knie am Boden bleiben. Seitenplank; Plank mit Gehbewegungen der Arme und Beine. Erhöhte Plank mit den Händen auf einem Gymnastikball einbauen, um die Übung anspruchsvoller zu gestalten.

Fehler, die vermieden werden sollten:

- Hüften zu hoch oder zu tief: Dies reduziert die Belastung auf dem Kern und kann Rückenschmerzen verursachen.

- Hohlkreuz: Vermeiden Sie ein Durchhängen des Rückens, indem Sie die Bauchmuskeln fest anspannen.

- Verspannter Nacken: Halten Sie den Nacken neutral, ohne den Kopf zu senken oder nach oben zu schauen.

Eine gut durchgeführte Plank fördert Stärke und Stabilität des gesamten Körpers. Integrieren Sie diese effektive Übung regelmässig in Ihr Workout-Programm und steigern Sie nach und nach die Dauer, um Ihre Bauchmuskulatur sichtbar zu kräftigen und Ihre Gesamtleistungsfähigkeit zu verbessern.

YTW-ÜBUNG

ZUR STÄRKUNG DER SCHULTER- UND RÜCKENMUSKULATUR

Die YTW-Übung ist eine hocheffektive Bewegung zur Kräftigung der oberen Rückenmuskulatur und zur Verbesserung der Schulterstabilität. Diese Übung besteht aus drei Bewegungsmustern - Y, T und W - die auf unterschiedliche Muskelgruppen abzielen und somit eine umfassende Kräftigung bieten. Sie kann sowohl zur

Prävention als auch zur Rehabilitierung von Schulterproblemen eingesetzt werden und verbessert die Haltung, indem sie muskuläre Dysbalancen ausgleicht.

Vorteile der YTW-Übung:

- Stärkung der Schultern und oberen Rückenmuskulatur
- Verbesserung der Schulterstabilität
- Förderung der Haltung und Körpermechanik
- Vorbeugung und Rehabilitation von Schulterverletzungen
- Verbesserung der Flexibilität und Beweglichkeit der Schulterblätter

Anleitung zur korrekten Ausführung der YTW-Übung:

1. Ausgangsposition:

   - Legen Sie sich mit dem Gesicht nach unten auf eine Gymnastikmatte oder eine flache Bank. Halten Sie die Beine gestreckt und die Füsse zusammen.
   - Ihre Stirn sollte auf der Matte ruhen, um den Nacken in einer neutralen Position zu halten.

2. Bewegungsausführung - Y:

   - Strecken Sie die Arme nach vorne aus, sodass Ihr Körper die Form des Buchstabens Y bildet. Ihre Daumen zeigen nach oben.
   - Heben Sie die Arme langsam an, indem Sie die Schulterblätter zusammenziehen. Halten Sie dabei den Rest des Körpers ruhig und angespannt.
   - Senken Sie die Arme langsam wieder ab und kehren Sie in die Ausgangsposition zurück.

3. Bewegungsausführung - T:

- Strecken Sie die Arme seitlich aus, sodass Ihr Körper die Form des Buchstabens T bildet. Ihre Daumen zeigen ebenfalls nach oben.

- Heben Sie die Arme langsam an, indem Sie die Schulterblätter zusammenziehen. Achten Sie darauf, dass der Rumpf stabil bleibt und die Bewegung aus den Schultern kommt.

- Senken Sie die Arme langsam wieder ab und kehren Sie in die Ausgangsposition zurück.

4. Bewegungsausführung - W:

- Beugen Sie die Ellenbogen und ziehen Sie die Arme nach hinten. Die Form Ihres Körpers sollte jetzt an den Buchstaben W erinnern. Ihre Daumen zeigen nach oben.

- Ziehen Sie die Schulterblätter zusammen und heben Sie die Arme langsam an. Achten Sie darauf, dass die Ellbogen nach unten und hinten zeigen.

- Senken Sie die Arme langsam wieder ab und kehren Sie in die Ausgangsposition zurück.

5. Rückkehr zur Ausgangsposition:

- Kehren Sie nach jedem Bewegungsmuster zur Ausgangsposition zurück und bereiten Sie sich auf das nächste vor.

Wichtige Aspekte der korrekten Ausführung:

- Rumpfstabilität: Halten Sie die Bauchmuskeln während der gesamten Übung fest angespannt, um die Wirbelsäule zu schützen und zu stabilisieren.

- Kontrollierte Bewegungen: Führen Sie die Bewegungen langsam und kontrolliert aus, um die

Muskelbeanspruchung zu maximieren und Verletzungen zu vermeiden.

- Atmung: Atmen Sie regelmässig und tief, um die Spannung in der Rumpfmuskulatur zu unterstützen und die Bewegungen zu kontrollieren.

- Neutrale Nackenposition: Halten Sie den Kopf in einer neutralen Position, um Verspannungen und Überlastungen im Nackenbereich zu vermeiden.

Trainingstipps:

- Gewichtsauswahl:
Beginnen Sie die YTW-Übung zunächst ohne zusätzliches Gewicht, um die korrekte Technikausführung zu erlernen. Wenn Sie sich sicher fühlen, können Sie kleine Gewichte oder Widerstandsbänder hinzufügen.

- Wiederholungen und Sätze:
Starten Sie mit 2-3 Sätzen à 10-15 Wiederholungen für jede Bewegung (Y, T, W). Je nach Fortschritt können Sie die Anzahl der Wiederholungen und Sätze erhöhen.

- Variation und Progression:
Um die Intensität der Übung zu steigern, können Sie die Haltezeit in der angehobenen Position verlängern oder leichtere Gewichte verwenden.

Häufige Fehler und wie man sie vermeidet:

- Schwung benutzen: Vermeiden Sie es, Schwung zu holen. Führen Sie die Übung langsam und kontrolliert aus, um die Muskelbeanspruchung zu maximieren.

- Hüftbewegung: Halten Sie die Hüften stabil und vermeiden Sie es, die Hüften während der Armbewegungen zu kippen.

- Überstreckung des Nackens: Achten Sie darauf, den Kopf in einer neutralen Position zu halten und den Nacken nicht zu überstrecken.

- Fehlende Schulterblattaktivierung: Stellen Sie sicher, dass die Bewegungen hauptsächlich durch die Schulterblätter und nicht durch die Arme ausgeführt werden.

Fazit: Die YTW-Übung ist eine äusserst effektive Methode zur Stärkung der Schultern und der oberen Rückenmuskulatur sowie zur Verbesserung der Haltung und der Schulterstabilität. Durch die korrekte Ausführung dieser Übung können Sie muskuläre Dysbalancen ausgleichen, Verletzungen vorbeugen und die Beweglichkeit der Schulterblätter fördern. Integrieren Sie die YTW-Übung regelmässig in Ihr Trainingsprogramm, um von den zahlreichen Vorteilen zu profitieren und Ihre Fitnessziele zu erreichen.

YOGA-ÜBUNGEN ZUM THEMA STRETCHING UND DEHNEN

Yoga ist eine jahrtausendealte Praxis, die Körper, Geist und Seele in Harmonie bringt. Ein Schwerpunkt des Yoga ist das Dehnen und Strecken, um Flexibilität,

Balance und das allgemeine Wohlbefinden zu verbessern. Im Folgenden stellen wir einige grundlegende Yoga-Übungen vor, die sich auf Stretching und Dehnen konzentrieren: Cat-Cow, Child's Pose, Cobra Stretch und Gentle Yoga Sun Salutations.

CAT-COW POSE
(BITILASANA UND MARJARYASANA)

1. Ausgangsposition:
   Beginnen Sie in der Tischposition auf Händen und Knien. Die Hände sind schulterbreit auseinander, die Knie hüftbreit.

2. Cat Pose (Marjaryasana):
   Beim Ausatmen runden Sie den Rücken, ziehen das Kinn zur Brust und ziehen den Bauchnabel zur Wirbelsäule. Ihre Wirbelsäule sollte sich nach oben wölben wie eine Katze.

3. Cow Pose (Bitilasana):
   Beim Einatmen senken Sie den Bauch Richtung Boden, heben das Kinn und die Brust und schauen nach oben. Ihre Wirbelsäule sollte sich in einem sanften Bogen nach unten wölben wie eine Kuh.

Wiederholungen:
Wechseln Sie zwischen Cat und Cow Pose für 5-10 Atemzüge, um die Wirbelsäule und die Bauchmuskeln zu dehnen und zu mobilisieren.

Tipps:
Bewegen Sie sich langsam und bewusst durch die Posen, um jede Dehnung voll zu genießen und Spannungen abzubauen.

CHILD'S POSE (BALASANA)

1. Ausgangsposition:
   Beginnen Sie in einer knienden Position, setzen Sie sich auf Ihre Fersen. Ihre großen Zehen berühren sich und die Knie sind leicht auseinander.

2. Position einnehmen:
   Beugen Sie den Oberkörper nach vorne und legen Sie Ihre Stirn sanft auf die Matte. Die Arme können ausgestreckt vor Ihnen liegen oder entlang Ihres Körpers nach hinten.

3. Position halten:
   Atmen Sie tief ein und aus und halten Sie die Position für mindestens 30 Sekunden bis zu mehreren Minuten, je nachdem, wie bequem Sie sich fühlen.

Tipps:
Child's Pose ist eine wunderbare Pause zwischen anstrengenderen Übungen und hilft, den Geist zu beruhigen und die Hüften und den Rücken zu dehnen.

COBRA STRETCH (BHUJANGASANA)

1. **Ausgangsposition:**
   Legen Sie sich mit dem Bauch auf die Matte, die Beine
   ausgestreckt und die Füße flach auf dem Boden. Die
   Hände sind unter den Schultern positioniert.

2. **Position einnehmen:**
   Beim Einatmen heben Sie langsam den Oberkörper an,
   indem Sie die Hände fest in den Boden drücken und die
   Arme strecken. Die Ellbogen sollten leicht gebeugt
   bleiben, und die Schultern werden nach unten und hinten
   gezogen.

3. **Position halten:**
   Halten Sie die Position für 15-30 Sekunden, atmen Sie
   dabei tief ein und aus, und senken Sie den Oberkörper
   beim Ausatmen langsam zurück auf den Boden.

Tipps:
Achten Sie darauf, dass Sie nicht den Nacken überstrecken
und die Schultern nicht zu den Ohren ziehen, um
Verspannungen zu vermeiden.

GENTLE YOGA SUN SALUTATIONS (SANFTE SONNENGEBETE)

Sun Salutations sind eine Reihe von Posen, die fließend ineinander übergehen und den ganzen Körper dehnen und stärken. Für eine sanfte Praxis können Sie einige modifizierte Sun Salutations durchführen, um den Tag zu beginnen oder sich zu entspannen.

Abfolge:

1. **Bergpose (Tadasana):** Stehen Sie aufrecht mit den Füßen zusammen, die Arme an den Seiten und atmen Sie tief ein.

2. **Hände-Richtung-Himmel (Urdhva Hastasana):** Beim Einatmen heben Sie die Arme über den Kopf und strecken sich nach oben.

3. **Vorwärtsbeuge (Uttanasana):** Beim Ausatmen beugen Sie sich aus der Hüfte nach vorne und lassen die Hände zu den Füßen sinken, die Knie leicht gebeugt.

4. **Halbe Vorwärtsbeuge (Ardha Uttanasana):** Beim Einatmen heben Sie den Oberkörper leicht an, sodass der Rücken gerade ist und die Hände auf den Schienbeinen oder dem Boden ruhen.

5. **Schritt zurück in den Knieschritt:** Beim Ausatmen setzen Sie einen Fuß nach dem anderen zurück und landen in einer Knieschritt-Position, die Hände direkt unter den Schultern.

6. **Knie-Brust-Kinn (Ashtanga Namaskara):** Lassen Sie Ihre Knie, Brust und Kinn zum Boden sinken, während Sie den Po in die Luft heben.

7. **Kobra (Bhujangasana):** Beim Einatmen heben Sie den Oberkörper an, während die Hüften auf dem Boden bleiben.

8. **Herabschauender Hund (Adho Mukha Svanasana):** Beim Ausatmen drücken Sie sich in die Position des herabschauenden Hundes, indem Sie die Hüften anheben und die Fersen in Richtung Boden drücken.

9. **Schritt vorwärts:** Beim Einatmen setzen Sie einen Fuß nach dem anderen zwischen die Hände und kommen in eine halbe Vorwärtsbeuge (Ardha Uttanasana).

10. **Vorwärtsbeuge (Uttanasana):** Beim Ausatmen senken Sie den Oberkörper erneut in die Vorwärtsbeuge.

11. **Hände-Richtung-Himmel (Urdhva Hastasana):** Beim Einatmen heben Sie den Oberkörper und die Arme wieder nach oben.

12. **Bergpose (Tadasana):** Beim Ausatmen bringen Sie die Arme zurück an die Seiten und kehren in die Ausgangsposition zurück.

Tipps:
Führen Sie die Sun Salutations langsam und bewusst durch, achten Sie dabei auf Ihre Atmung und genießen Sie jede Dehnung in den Posen.

Fazit: Yoga-Übungen wie Cat-Cow, Child's Pose, Cobra Stretch und Gentle Yoga Sun Salutations bieten hervorragende Möglichkeiten, die Beweglichkeit zu verbessern und gleichzeitig Körper und Geist in Einklang zu bringen. Durch die regelmäßige Praxis dieser Dehnungsübungen können Sie Muskelverspannungen lösen, Flexibilität erhöhen und ein Gefühl von Ruhe und Entspannung fördern.

NAMASTE!

TEILE DEINE ERFAHRUNGEN MIT UNS UND WERDE TEIL DER MMW COMMUNITY!

ÜBER DEN AUTOR

Autor: Alain Biankeu, Mighty Mind Warrior

Lassen Sie sich von diesem außergewöhnlichen Buch inspirieren.. Der Autor, bekannt für seine optimistische Lebenseinstellung, zeigt uns, wie man mit Zuversicht und Freude jeden Tag in vollen Zügen genießen kann. Erfolg kommt nicht von ungefähr, das weiß er nur zu gut. Mit dem Credo „Von nichts kommt nichts" und einer unerschütterlichen Entschlossenheit hat er bewiesen, wie man durch harte Arbeit und Beständigkeit seine Ziele erreichen kann.

Dieses Buch vermittelt wertvolle Prinzipien und Strategien für körperliches Training und Fitness, die jeder anwenden kann, unabhängig von den individuellen Ausgangsbedingungen. Es zeigt, dass es immer Raum für persönliches Wachstum und Verbesserung gibt, und ermutigt dazu, niemals aufzuhören, an sich zu arbeiten. Die Bodenständigkeit und die Wertschätzung für die kleinen Freuden des Lebens, die der Autor verkörpert, machen seine Erkenntnisse besonders zugänglich und motivierend.

Mit unermüdlichem Ehrgeiz und der Bereitschaft, ständig neue Herausforderungen anzunehmen, inspiriert der Autor dazu, Höchstleistungen im Training zu erzielen und die individuelle Fitness zu optimieren. Dieses Buch ist ein wertvoller Leitfaden für alle, die auf der Suche nach einem fitteren, gesünderen und ausgeglicheneren Leben sind.

Entdecken Sie, wie Sie durch positive Einstellung, harte Arbeit und unstillbaren Ehrgeiz Ihr volles körperliches Potenzial entfalten können. Lassen Sie sich von diesem Werk begeistern und finden Sie Ihre eigene Freude am Training und an einem fitten Lebensstil!